公安院校实验实训课程系列教材

Xingshi Tuxiang Jishu
Shixun Zhidao

刑事图像技术实训指导

主　编　王锦辉　石建勋
副主编　王树峰　闫志伟
撰稿人　（排名以拼音为序）
　　　　巨爱焕　石建勋　王红平
　　　　王锦辉　王树峰　闫志伟

北京大学出版社
PEKING UNIVERSITY PRESS

图书在版编目(CIP)数据

刑事图像技术实训指导/王锦辉,石建勋主编. —北京:北京大学出版社,2016.10
(公安院校实验实训课程系列教材)
ISBN 978-7-301-27553-5

Ⅰ.①刑… Ⅱ.①王… ②石… Ⅲ.①司法摄影—数字图象处理—高等职业教育—教学参考资料 Ⅳ.①D918.2

中国版本图书馆 CIP 数据核字(2016)第 224410 号

书　　　名	刑事图像技术实训指导 XINGSHI TUXIANG JISHU SHIXUN ZHIDAO
著作责任者	王锦辉　石建勋　主　编
责 任 编 辑	郭栋磊　罗　玲
标 准 书 号	ISBN 978-7-301-27553-5
出 版 发 行	北京大学出版社
地　　　址	北京市海淀区成府路 205 号　100871
网　　　址	http://www.pup.cn
电 子 信 箱	law@pup.pku.edu.cn
新 浪 微 博	@北京大学出版社　@北大出版社法律图书
电　　　话	邮购部 62752015　发行部 62750672　编辑部 62752027
印 刷 者	大厂回族自治县彩虹印刷有限公司
经 销 者	新华书店
	650 毫米×980 毫米　16 开　17.25 印张　216 千字 2016 年 10 月第 1 版　2020 年 1 月第 3 次印刷
定　　　价	35.00 元

未经许可,不得以任何方式复制或抄袭本书之部分或全部内容。
版权所有,侵权必究
举报电话: 010-62752024　电子信箱: fd@pup.pku.edu.cn
图书如有印装质量问题,请与出版部联系,电话: 010-62756370

主 编 简 介

王锦辉,男,1974年9月出生,1996年毕业于中国刑警学院文件检验专业。现任甘肃警察职业学院刑事侦查系刑事技术教研科科长、副教授。主要承担刑事技术总论、刑事技术、痕迹检验技术、刑事图像技术、文件检验技术等专业课程的教学、实训任务,2012年8月获"全国首届公安院校教学技能大赛刑事技术组"三等奖,主持市厅级科研项目1项,参编教材1部,发表专业论文8篇。

石建勋,男,1980年3月生于甘肃陇南徽县。2004年毕业于西北师范大学敦煌艺术学院美术教育学专业,后分配至甘肃警察职业学院从事刑事图像技术教学、科研及实验室管理工作,现任甘肃警察职业学院刑事侦查系刑事技术科副科长,讲师。

目 录

实训一　数码相机的使用 / 1

实训二　室外人物、景物照相 / 17

实训三　闪光照相 / 52

实训四　犯罪嫌疑人辨认照相 / 73

实训五　翻拍照相 / 80

实训六　脱影照相 / 88

实训七　现场常见痕迹照相 / 95

实训八　使用紫外观察照相系统拍摄手印 / 104

实训九　模拟室内盗窃案件现场照相 / 108

实训十　凶杀案件现场照相 / 119

实训十一　现场照片编排制卷系统操作练习 / 123

实训十二　制作现场照片卷 / 136

实训十三　Photoshop入门及基本操作 / 156

实训十四　Photoshop 常用处理命令介绍及运用　/　189

实训十五　手印图像的处理技术　/　215

实训十六　认识美国识慧系统 Video Investigator 界面构成和工具箱　/　247

实训十七　模糊图像处理　/　264

实训十八　模糊视频图像处理　/　267

参考书目　/　270

实训一 数码相机的使用

一、实训目的

了解数码相机的主要性能、结构和基本设置,掌握数码相机的操作技巧和保养常识(本教材所讲解的实训项目会选用本节所介绍的照相器材完成训练)。

二、实训基础知识

随着现代影像技术的发展,公安机关刑事技术部门逐步实现了刑事照相全过程数码化。数码相机在拍照记录、收集、提取和固定痕迹物证等方面显示出了胶片相机无法比拟的优势和特点。了解数码相机基础知识,掌握数码相机的使用技巧,是从事刑事图像工作的基础。

(一)数码相机的主要构成

数码相机除了具有与传统胶片相机相同的结构,如光学镜头、取景器、快门、光圈、内置电子闪光灯等,还具有特殊的结构,包括图像传感器、模/数转换器、数字信号处理器、主控程序芯片、内置存储器、液晶显示器、可移动存储器和接口等。

(二)数码相机的工作过程

数码相机中只有镜头的作用与普通相机相同,它将光线会聚到图像传感器上,图像传感器代替了传统相机中胶卷的位置,它的功能是把光信号转变为模拟电信号。模拟电信号被传送到模/数转换器转换成数字信号,数值的大小和电信号的强度,即电压的高低成正比。这些数值其实就是图像的数据了。不过,这些图像数据还不能直接生成图像,还要输出到数字信号处理器,在数字信号处理器中,这些图像数据被进行色彩校正、白平衡、饱和度、锐度处理、编码形成数字相机所支持的图像格式及分辨率。最后,图像文件被存储在内置存储器中。至此,数码相机的主要工作已经完成,剩下要做的是通过液晶显示器查看拍摄到的照片。

（三）数码相机的测光模式

目前的数码相机上面几乎都提供了测光模式的选择,尤其是高端相机更是提供了选择测光模式的快捷键。当使用不同的测光模式时,在取景视窗或LCD屏上也会有相应大小不同的目标指示框显示,引导着使用正确测光,如图1-1所示。

图1-1　中央重点测光/点测光/多区测光指示图标

1. 中央重点测光

这个模式是考虑到一般摄影者大多习惯将对焦部位置于画面中间,因此负责测光的感光原件,会根据来自画面中央某一区域的测光值,搭配该区域以外的另一测光数据,经过CPU对数值加权平均之后的比例,取得拍摄的建议测光数据。在一般正常拍摄条件下,中央重点测光是一种非常实用的测光模式,但如果画面主体不在中央或是逆光拍摄,中央重点测光就不适用了。

2. 点测光

点测光模式可以克服中央重点测光的不足之处,避免逆光状态下对主体测光的影响;点测光的范围是以取景器中央的一极小范围区域作为曝光基准点,根据这个区域测得的光线,作为曝光数据。这是一种相当准确的测光方式,但是,错误的测光点所拍出来的画面会造成严重的曝光误差。

3. 多区测光

该模式测量整个画面的光,平衡进行一般拍摄。相机将测光区域分割成若干块,各自独立运算每个测光区所得的数值,并由相机内建的数据库来作曝光值的统合与判断。也就是说,分割测光的准确性,不仅在于所属的硬件能力,还在于背后的数据库大小与辨别能力。

(四)数码相机的曝光模式

1. 全自动曝光模式

AUTO模式,即俗称的"傻瓜式"拍摄,由相机内置的程序选择拍摄时的快门速度、光圈、ISO等,多数设置无法更改。无须担心被摄体和环境,只需专注在构图、对焦,然后在适当的时候按下快门就行了。在此模式下,通常可以拍摄出画面正常的照片,但并不能保证能够获得理想的画面,因此适用于摄影初学者和紧急情况的抢拍。

2. 程序自动曝光模式

程序自动曝光模式也叫做 P 档,P 档俗称电脑档,相机会根据目前环境和机身内的 ISO、闪光灯设置等来选择光圈和快门。可根据需要设定其他设置,如测光模式、感光度、闪光补偿、创意风格、白平衡等,以达到最佳的摄影效果,如图 1-2 所示。

图 1-2

3. 光圈优先式自动曝光模式

在此模式下,拍摄者可以预先设定光圈值,相机根据测光结果确定合适的快门速度予以配合,完成正确的曝光。光圈先决模式的好处是拍摄者通过预设光圈值能够控制景深,如缩小光圈可以扩大景深范围,开大光圈则可以获得浅景深以虚化背景。但是多数消费级小数码相机采用中灰滤镜插入式光圈,调整光圈值没有控制景深的能力。

4. 快门优先式自动曝光模式

可以预先设定快门速度,然后照相机就会自动地选择相应的光圈。快门优先自动曝光模式在理论上非常适合于拍摄动体,可以选择较高的快门速度来凝固动体的影像。要拍摄出动感强烈的照片,应选用慢速快门。

5. 手动曝光模式

手动曝光模式的操作虽然比各种自动曝光模式显得复杂一些,但它却可以更加自由地实现对光圈、快门的组合,在光线较为复杂的场景下,它有着不可替代的作用。因为可任意设定光圈值和快门速度,所以要清晰地拍摄光线较暗的环境,通过缩小光圈数值和调慢快门速度的方法,会非常有效。

6. 场景式自动曝光模式

在实际操作中,一部份初学者依赖于使用数码相机的 AUTO(自动)模式,而在特定的拍摄环境中,其相片质量当然难以保障。使用数码相机内的场景模式,可以更加方便地拍出高质量的照片。目前,数码相机内的场景模式少则有四五种,多则有二三十种。以下介绍最常见的几种模式:

(1)风景模式。拍摄风景名胜时,数码相机会把光圈调到最小以增加景深,另外对焦也变成无限远,使相片获得最清晰的效果。

(2)人像模式。用来拍摄人物相片,如证件照。数码相机会把光圈调到最大,做出浅景深的效果。而有些相机还会使用能够表现更强肤色效果的色调、对比度或柔化效果;甚至是聚焦于离照相机镜头最近的眼睛进行拍摄,以获得生动的影像。

(3)微距模式。用来拍摄细微的目标如花卉、昆虫等,数码相机会优先对近处的物体进行对焦。

(4)夜景人像模式。在夜景中拍摄人物,数码相机通常会使用数秒至1/10秒左右的快门拍摄远处的风景,并使用闪光灯照亮前景的人物主体。

(5)扫描拍摄。拍摄超宽幅度的画面时,数码相机会连续拍摄多张风景相片,再组成一张超宽的风景照。

(6)动态模式。用来拍摄高速移动的物体,数码相机会把快门速度调到较快(1/500秒),或提高ISO感光值。

三、实训内容

以SONY DSC-W150相机和SONY DSLR-A580相机为实例:

(1)了解相机的机构和部件名称、菜单命令的内容和含义

(2)了解拍摄功能和浏览功能主要的菜单内容和设置方法

(3)练习持机的正确方法

(4)掌握三脚架的安装和使用方法

四、实训所需设备和器材

每2人一组,配备以下设备和器材:

(1)SONY DSC-W150相机　　　　　　　　　　　　1台/组
(2)SONY DSLR-A580相机　　　　　　　　　　　　1台/组
(3)三脚架　　　　　　　　　　　　　　　　　　1台/组

五、实训方法和步骤

每2人为一组,轮换操作和记录。

(一) 以 Sony W-150 相机为实例

对照图 1-3、图 1-4，识别相机部件。

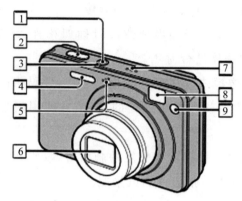

① POWER 按钮　② 快门按钮　③ POWER 指示灯　④ 闪光灯　⑤ 麦克风　⑥ 镜头　⑦ 扬声器　⑧ 取景器窗口　⑨ 自拍指示灯/笑脸快门指示灯/AF 照明器

图 1-3　相机前部

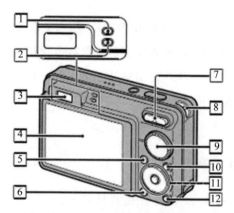

① AE/AF 锁定指示灯(绿色)　② 闪光灯充电指示灯/记录指示灯(橙色)　③ 取景器　④ LCD 液晶屏　⑤ MENU 按钮　⑥ 播放按钮　⑦ 拍摄时:W/T(变焦)按钮;观看时:(播放变焦)按钮/(索引)按钮　⑧ 腕带穿孔　⑨ 模式拨盘　⑩ HOME 按钮　⑪ 控制按钮 菜单开时:上/下/左/右/确定;菜单关时:DISP/定时/微距/闪光灯　⑫ (幻灯片播放)按钮

图 1-4　相机背部

（二）练习 SONY W-150 数码相机的基本操作方法

1．开关机

（1）开启相机时，按 POWER 按钮，关闭时，再按一次。

（2）按播放按钮。如果在相机关闭时按播放按钮，相机自动开启，并设置在播放模式。若需切换到拍摄模式，再按一次播放按钮，或者半按快门即可。

由此可见，开机有两种途径，按 POWER 按钮或播放按钮；关机只有一种途径，只能按 POWER 按钮。

2．正确持机姿势

练习正确的持机方法进行拍摄，可以防止抖动而造成画面模糊，从而提高照片画质，拍摄出更佳的效果。

（1）横向持机

数码卡片相机多数情况下是通过观察背面的液晶显示屏来进行拍摄的，所以手臂的位置和伸出方法都很重要。注意两手上臂尽量保持自然下垂的状态并向身体靠拢，手臂不宜伸太远。不仅仅用手支撑相机，还要将重量分散至胳膊和身体上，可以有效地避免手抖动。用左手拇指和食指卡住相机机身左侧，右手紧握相机一侧的握手位，食指轻触快门键，持机时不宜过分用力，保持轻松状态。因为过分用力会导致胳膊轻微颤抖，反而会造成手抖动。

（2）纵向持机

纵向持机时，基本的姿势与横向持机大体相同。不过，纵向持机与横向持机相比，因为受相机形状的影响，有点不稳定，所以要用处于下方的手支撑相机，位于上方的手轻轻握住相机。肘部的位置也比横向持机时容易失去平衡，注意手腕要稍微向外翻。

（3）高位拍摄

根据拍摄的需要，可以采用一些方法从高于视线的高度进行拍摄。如举高双手从高处位置进行拍摄。但是采用这种方法时，手腕的负担比采用普通高度拍摄时要大，更容易引起手抖动。建议将双手举到同一高度，保持稳定的姿势，拿稳相机。略微分开双腿，保持身体的稳定，这样可以更好地防止手抖动。注意不能为了保证高度而用单手进行拍摄。最高效的方法是使用辅助器材三脚架将相机加以固定。

（4）低位拍摄

被摄体处于较低位置时，根据拍摄需要，可以降低至与被摄体相同的高度进行拍摄。这种情况下，如果一条腿的膝盖支撑地面下蹲的话，姿势会更加稳定。上半身的姿势保持与通常站立拍摄时一样即可。如果需要更低位置拍摄时，可以将肘部架到膝盖上进行拍摄。如果能跪下拍摄，会比站立拍摄时更稳定。

3．删除图片

（1）通过删除命令删除图片

① 按播放按钮。

② 当以单影像模式或索引模式显示时按 MENU 按钮。

③ 用控制按钮上的▲/▼键选择［删除］。

④ 用◀/▶从［这个影像］、［多个影像］和［日期范围中的全部影像］/［文件夹内全部］中选择所需的删除方法，然后按●键。

注：显示的选项视所选择的观看模式而异。

A．当您选择［这个影像］时可删除所选择的影像。

用▲选择［确定］，然后按●键。

B．当您选择［多个影像］时，您可以同时选择和删除多个影像。

a．选择希望删除的影像，然后按●键。

影像复选框中的√标记被勾选。

b．按 MENU 按钮。

c. 用▲选择[确定],然后按●键。

注:若要删除某个日期/文件夹的所有影像,在索引画面中选择[多个影像],用◀选择横条,然后在复选框中放入√标记。

C. 当您选择[日期范围中的全部影像]/[文件夹内全部]时,您可以删除所选日期/文件夹中的所有影像。

用▲选择[确定],然后按●键。

(2) 通过格式化命令删除图片

① 按 HOME 按钮显示 HOME 画面。

② 用控制按钮上的◀/▶选择管理存储器。按●键进入子菜单。

③ 选择格式化项目,然后按●键。

④ 用▲选择[确定],然后按●键。

4. 变焦按钮的功用

(1) 在拍摄模式时,变焦按钮起到调节焦距的作用。

① 按 T 进行变焦,按 W 撤销变焦。

② 当变焦倍数超过 5 倍时,相机启用数字变焦功能。

③ 在拍摄活动影像过程中,不能改变变焦倍数。

(2) 在观看模式时,具有查看索引画面的功能。

① 在显示静止影像时,按变焦按钮 W 端,显示索引画面。用▲/▼/◀/▶选择影像。若要返回单张影像画面,按●键。

② 在显示静止影像时,每按一次变焦按钮 T 端,索引画面上的影像倍率都会增大。按 W 端则缩小。

5. 图像尺寸的设置

(1) 按 MENU 按钮显示菜单。

(2) 按▲/▼找到图像尺寸设置项。

(3) 按◀/▶选择要启用的影像尺寸大小。

(4) 然后按●键退出。

6．改变数字变焦倍率的方法

（1）按 HOME 按钮显示 HOME 画面。

（2）用控制按钮上的◀/▶选择"设置"，然后按●键进入。

（3）在"设置"菜单中选择"拍摄设置 2"，然后按●键进入。

（4）在"拍摄设置 2"中，按◀/▶键，选择"数字变焦"项目，然后按●键进入。

（5）有两种启用数字变焦的方式可以选择，即"智慧式变焦"和"精确变焦"。

（6）当选择智慧式变焦功能，数字变焦范围会因为选择的图像尺寸的大小发生变化。图像尺寸越小，数字变焦范围越大，当选择 VGA 时，数字变焦为 25。

（7）当选择精确变焦功能，所有影像尺寸均按总变焦倍数放大约 10 倍，包括 5 倍光学变焦。

（8）注意：当超过光学变焦倍数时，照片质量会下降。

7．使用取景框的方法

（1）每按一次控制按钮上的▲（DISP），显示会改变如下：

① 指示开（显示拍摄数据）

② 指示开（如果在明亮的外部光线中观看影像，提高 LCD 背景光的亮度）

③ 柱状图开（柱状图是表示影像亮度的图表）

④ 指示关（隐藏拍摄数据）

⑤ LCD 液晶屏关

（2）关闭 LCD 液晶屏后，通过取景窗进行取景构图，LCD 液晶屏关闭后，数字变焦将无效。

8．EV 标度条的应用方法

（1）调节光线强度时，调整 EV 值。

① 按 MENU 按钮显示菜单。

② 按▲/▼找到 EV 标度条。

③ 然后按◀/▶,可以以 1/3 EV 为增量进行曝光补偿。向"－"方向:使影像变暗;向"＋"方向:使影像变亮。

(2) 画面趋于单色调时,调节 EV 值。遵循"白加黑减"的法则。

① 打开柱状图,图形显示偏向右边时表示影像比较亮,偏向左边时表示影像比较暗。

② 图形显示偏向右边时,向"＋"方向调节;图形显示偏向左边时,向"－"方向调节。

9. 新建和变更文件夹的方法

(1) 建立记录文件夹的方法

① 按 HOME 按钮显示 HOME 画面。

② 用控制按钮上的◀/▶选择"存储器工具",然后按●键进入。

③ 用控制按钮上的▲/▼选择"建立记录文件夹",然后按●键。出现建立文件夹画面。

④ 用▲选择"确定",然后按●。建立一个新的文件夹,其编号比当前的最大编号大 1,而且此文件夹将作为当前的记录文件夹。

(2) 改变记录文件夹

① 用控制按钮上的▲/▼选择"改变记录文件夹",然后按●。出现文件夹选择画面。

② 用◀/▶选择所需文件夹,用▲选择"确定",然后按●。

注:① 文件夹编号最多可以建立到"999MSDCF"。② 不能用本相机删除文件夹。若要删除文件夹,请使用电脑等。③ 影像会记录到新创建的文件夹中,直到创建了另一个文件夹或选择了另一个记录文件夹。④ 一个文件夹最多可存储 4000 个影像。当超过文件夹容量时会自动新建一个文件夹。⑤ 法将记录的影像移到另一个文件夹。⑥ 格式化会把"Memory Stick Duo"中的所有数据永久删除,包括文件夹。

10. 获得更佳影像的基本技巧

（1）对焦：对着被拍物，半按快门，锁定对焦后，AE/AF 锁定指示亮起，然后完全按下快门按钮。

（2）曝光：在自动调节模式中会自动设置恰当的曝光值。当身处光线过亮或者过暗的环境时，可以用以下功能手动调节曝光。

① 调节 EV：调节相机决定的曝光。

② 测光模式：可以改变决定曝光时测量的主体部分。

③ ISO 感光度：ISO 感光度是一种用于记录媒体的速级，这种媒体采用影像传感器接收光线。即使曝光相同，ISO 感光度不同，影像也会有所差异。

（3）色彩：主体的外观色彩会受到照明条件的影响。在自动调节模式中色调会自动调节。不过，也可以通过"白平衡"手动调节色调。

（三）以 SONY DSLR-A580 相机为实例

对照图 1-5、图 1-6，识别相机部件。

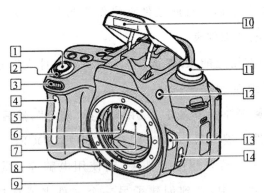

① 快门按钮　② 电源开关　③ 控制转盘　④ 自拍定时指示灯　⑤ 遥控传感器　⑥ 镜头接点　⑦ 反光镜　⑧ 预览按钮　⑨ 转接环　⑩ 内置闪光灯　⑪ 模式旋钮　⑫（闪光灯弹出）按钮　⑬ 镜头释放按钮　⑭ 对焦模式开关

图　1-5

实训一　数码相机的使用　13

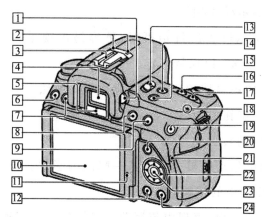

① 屈光度调整旋钮　② 麦克风　③ 自锁附件插座　④ 取景器　⑤ 眼控感应器　⑥ MENU 按钮　⑦ DISP（显示）按钮　⑧ MOVIE 按钮　⑨ 拍摄时：（曝光）按钮；观看时：（缩小）按钮/（影像索引）按钮　⑩ LCD 监视器　⑪ 感光器　⑫（播放）按钮　⑬ LIVE VIEW/OVF 开关　⑭ FOCUS CHECK LV 按钮　⑮ D-RANGE（动态范围）　⑯（拍摄模式）按钮　⑰ ISO 按钮　⑱ 影像传感器位置标记　⑲ 拍摄时：AEL（AE 锁定）按钮/放大对焦按钮；观看时：（放大）按钮　⑳ 拍摄时：Fn（功能）按钮；观看时：（影像旋转）按钮　㉑ 存取指示灯　㉒ 控制器按钮　㉓ 控制器（确定）/AF 按钮　㉔（删除）按钮

图 1-6

（四）练习 SONY A-580 数码相机的基本操作方法

1. 正确持机姿势

（1）横向持机

在横向持机时，左手应从镜头下方托住相机以保持稳定。轻轻收紧双臂以防止相机出现抖动。

（2）纵向持机

在纵向持机时，握持相机手柄的手既可位于上方也可位于下方。但当握持手柄的手位于上方时手臂更容易张开，所以要特别加以注意。

（3）从低位拍摄

在降低重心进行拍摄时，应将左膝支撑于地面，用右膝支持手臂，这样可防止出现纵向手抖动。

(4) 实时显示模式拍摄

采用实时显示模式进行拍摄时,更容易出现手抖动。应夹紧双臂、从下方支撑相机,以保持稳定。

2. 将移动的被摄体拍出不同视觉效果的方法

(1) 将模式旋钮设为 S

(2) 使用控制转盘选择快门速度

① 及时拍摄移动的被摄体在某一瞬间的影像。使用较快快门速度,清晰拍摄移动中的一瞬间。

② 追踪运动过程,表现力与流动。使用较慢快门速度,拍摄移动被摄体的拖尾影像。

(3) 调整对焦并拍摄被摄体

① 自动调整光圈以获得正确曝光。

② 如果相机判断用所选快门速度不能获得正确的曝光,光圈值将闪烁。此时请重新调整快门速度。

3. 控制景深的拍摄技巧

(1) 将模式旋钮设为 A

(2) 使用控制转盘选择光圈值(F 数值)

① 较小的 F 数值:被摄体的前景和背景被模糊化。较大的 F 数值:被摄体及其前景和背景均被对焦。

② 无法在 LCD 监视器上或取景器中查看影像的模糊情况。但是,可以通过按预览按钮检查背景的模糊程度。

(3) 调整对焦并拍摄被摄体

① 自动调整快门速度以获得正确曝光。

② 如果相机判断用所选光圈值不能获得正确的曝光,快门速度将闪烁。此时请重新调整光圈。

4. 拍摄动态影像的注意事项

(1) 调节对焦。

（2）按 MOVIE 按钮开始拍摄。

① 可从任何曝光模式开始拍摄动态影像。

② 与曝光有关的值,例如快门速度和光圈值,将会自动调整。

（3）再按一次 MOVIE 按钮可停止拍摄。

注：① 将模式旋钮设为"A",用控制转盘选择光圈值,然后开始拍摄动态影像,便可使用选定的光圈值拍摄。当您不得不调整背景的模糊程度时,这种方式非常方便。② 如果在动态影像拍摄过程中转动镜头的变焦环,光圈值将会改变。③ 动态影像拍摄期间不能使用自动对焦。可在按 MOVIE 按钮之前以自动对焦或手动对焦方式调整对焦。④ 请勿拍摄强光源,如太阳。这样会损坏相机内部的机械装置。

5．手动曝光模式下光圈和快门的调节方法

（1）将模式旋钮设为 M。

（2）旋转控制转盘调整快门速度,在按住 ⚡ 按钮的同时,旋转控制转盘以调整光圈。

（3）设置曝光后拍摄影像。

① 在 EV 标度条上查看曝光值。向"＋"方向：影像变亮。向"－"方向：影像变暗。如果曝光设置超出 EV 标度条的范围,则会出现 ◀ ▶ 箭头。如果差异增大,箭头开始闪烁。

② 当相机处于 M 模式时,将在补偿指示上显示基于使用指数正确曝光的较低或较高的补偿值。

6．三脚架的使用方法

三脚架一般由三只脚的支架和云台组成。使用时,打开三只脚,把相机固定在云台上,即可以自由升降高度和调整拍照角度。三脚架一般用于低速（曝光时间大于 1/30 秒）拍照和自拍等场合。

六、实训中的注意事项

（1）必须在实验老师的指导下按照操作要求使用相机。在没有了解清楚其性能、各部件的特点和操作技术之前，不得使用。

（2）操作时，如果遇到故障，不得硬扳或擅自拆卸。

（3）为防止镜头被污染或划伤，切勿用手或其他物品接触镜片。如需清洁镜片，请找实训指导教师。

（4）拍照时记录照相机的功能、使用状况及相关数据，并按要求完成实训报告。

七、实训报告的填写要求

阅读数码相机菜单内容，将相关功能介绍整理抄写在实训报告的实训方法和步骤栏。简要说明实训目的和实训内容，在实训结果栏贴1张实训所拍的效果最佳的照片，注明主题、光圈和曝光时间，所用镜头和焦距等信息。回答思考题。

八、实训作业和思考题

（1）阅读相机菜单内容，比较不同拍摄模式菜单项目的异同。

（2）主题不限，多拍多练，熟悉相机功能。

（3）数码相机有哪些主要部件？

（4）P、A、S、M几种拍摄模式各有什么特点？

实训二　室外人物、景物照相

一、实训目的

通过对不同题材人物、景物的拍摄,提升学生对照相基础常识的理解。深入理解镜头光学特性、熟悉影响景深的因素和掌握画面构图基本规律,能够熟练应用各种照相技术,准确地表现被摄人物、景物的形体特征及其主次关系,达到反映客体、表达主题的目的。

二、实训基础知识

（一）景深

1. 景深形成的原理

景深是指被拍景物形成清晰影像的纵长深度。相机镜头成像,并不是物点只能在像点的焦平面上结像清晰,而是某一定物距前后相当长一段距离范围内的景物,都能在同一焦平面上结成清晰的像。这一清晰像的景物的纵长深度叫景深。

从物点到最近清晰点的深度叫前景深,从物点到最远清晰点的深度叫后景深,前后景深相加,也就是从最近清晰点到最远清晰点的深度,叫全景深。一般在拍摄时主体的前后景物清晰的距离越长就是景深越长,反之,清晰的距离越短就是景深越短。

2. 影响景深的因素

（1）光圈的大小。光圈对景深的影响是：在镜头的焦距和拍照距离相同的情况下,光圈越小,景深越长；反之,光圈越大,景深越短。

（2）焦距的长短。焦距对景深的影响是：在光圈数值和拍照距离相同情况下,焦距越长,景深越短；反之,焦距越短,景深越长。

(3)拍照的距离。拍照距离对景深的影响是:在镜头的焦距和光圈数值不变的情况下,拍照距离越近,景深越短;反之,拍照距离越远,景深越长。

(二)取景构图的基础知识

取景构图就是将被拍对象有机地安排在画面之中,通过合理的组合和适宜的布局,使所拍照的内容主次分明,中心突出,赏心悦目,从而起到表现拍照主体、突出主题的作用。

1. 画面的基本结构

画面的基本结构主要包括:主体、陪体、前景和背景、空白。如何正确地安排主体在画面中的位置,正确地选择、利用前景、背景等,使所拍摄的人物、景物更加和谐统一,是摄影构图的重要内容之一。

(1)主体

主体是摄影画面中最主要的表现对象,是画面的主要构成部分,是画面表现内容的主要体现者,也是画面结构的中心。取景构图时要有明确的主体,主体不明确或根本就找不到主体的画面,必然是失败的画面,如图 2-1、2-2 所示。

图 2-1　找不到主体的画面

图 2-2　主体明确

（2）陪体

陪体是用以帮助主体表达主题和情节的景物。陪体的安排上既要表现主体内容，又不能喧宾夺主，掩盖了主体，如图 2-3、2-4 所示。

图 2-3　主体突出

图 2-4　主陪体关系不明

（3）前景和背景

前景和背景是指那些处于主体的前面和后面，用以烘托主体的景物。其作用在于帮助说明主体所处的环境、时间特点，展现空间，表现、烘托主体；同时，可以加深人们对主体的理解，如图 2-5、2-6 所示。

2. 主体的位置

一般情况下，视觉中心就是主体的位置。视觉中心是画面中观众最感兴趣、最吸引观众注意力的部分。安排主体的位置就是确定画

图 2-5　前景富有层次感，画面充满生趣

图 2-6　前景单调，画面乏味

面的视觉中心。在画面中安排主体位置最为实用的美学原则就是黄金分割率和三分法。

(1) 黄金分割率

黄金分割率是传统画家极力推荐的画面分割形式，其分割比为 1∶0.618。从物体的几何形状、画面的长宽比例，到画面的内部分割、物体的位置安排等，均可以体现黄金比例，如图 2-7 所示。这样的比例能体现一种均衡美感，符合人们的视觉审美心理。将主体安排在 EF、GH 或 O 点上，这样比较符合人们的视觉习惯。

(2) 井字构图法

实际拍照时不可能做到上述精确的黄金分割比，因此人们也就大概地分割一下。将黄金分割线放在画幅的 1/3 处来进行分割，就是

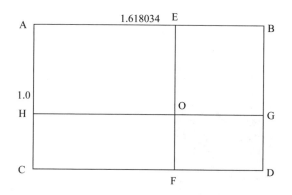

图 2-7　黄金分割示意图

将画面在水平和垂直方向平均分成三等份,在画中画出一个井字,就是所谓的三分法,或井字构图法。井字的四个点称为视觉中心点,又称趣味中心。井字的交叉点上比较适合放置主体,将主体安排在这个位置上最容易吸引人的视线,画面布局也显得活泼,如图 2-8 所示。

图 2-8　三分法示意图

3. 突出主体的常见方法

(1) 大小对比

在画面的安排上,可以给主体较大的面积、显要的位置来直接突出主体,如图 2-9、2-10 所示。

(2) 特写法

用特写表现主题时,应摈弃次要景物,攫取最生动的局部细节加以细致描绘,以获得构图简洁、主体鲜明突出的效果。特写能将主体拍得很大，细致地表现主体的影纹、层次和质感，能拉近主体形象和观者之间的距离，如图 2-11、2-12 所示。

图 2-9

图 2-10

图 2-11

图 2-12

(3)景深虚实对比

景深的应用能够控制虚实对比,通过拍摄距离、镜头的焦距、光圈的大小来控制景深,可以随心所欲地控制主体形象和其他形象的虚实对比关系,从而突出主体,如图 2-13 所示。

图 2-13

(4)影调对比

影调对比包括画面上亮暗等级、色彩分布和面积的对比,它是突出主体的方法之一,如深色背景上的浅色主体和浅色背景上的深色主体看上去都比较醒目,如图 2-14、2-15 所示。

图 2-14

图 2-15

4. 画幅

画幅是指画面的外框形式,即摄影画面长宽比。画面形式可简单地分为横画幅、竖画幅和方画幅。画幅形式一般由主体形象和表现意图所决定,不同的画幅形式有不同的构图特点,应与拍摄主体形态相符合,拍摄主体是纵向的,适合竖画幅;拍摄主体是横向的,适合横画幅。如图 2-16、2-17 所示。

图　2-16

图　2-17

(1) 横画幅

画幅的高度小于画幅的宽度,它适合表现横向走势和宽广的景物,具有水平舒展、平和的特点。

(2) 竖画幅

画幅的高度大于画幅的宽度,有利于强化景物高大的形象,适合表现上下走势的景物,具有高耸挺拔、积极向上的构图特点。

(3) 方形画面

画幅的高度等同画幅的宽度,它给人以工整、严谨、稳定的视觉感受,方形画面有时显得比较呆板,不如横构图和竖构图富有变化。

5. 构图中最重要的基本法则

(1) 完整

构图造型在主体形象和内容表现上必须给人以视觉完整的感受。构图的完整性表现在画面形式和内容上,是通过对画面进行总体设计,恰当地安排主体与陪体的位置,使主体给人一种完整感,陪体与主体相映成趣,形成一幅内容形式与主题意义完整的画面,如图2-18、2-19所示。

图 2-18

图 2-19

(2) 简洁

构图时,凡是与主题无关的物体,应尽量不让其进入画面。把所要表现的人物或景物加以强调、突出,舍弃那些一般的、表面的、繁琐的、次要的东西，如图 2-20、2-21 所示。

图 2-20

图 2-21

（3）稳定

稳定同样是摄影构图的基本法则，它要求画面在构图时，其内容、结构的安排要有平衡稳定之感，这样照片看起来才会让人觉得舒服、安全、符合视觉习惯，如图 2-22、2-23 所示。

图 2-22

实训二 室外人物、景物照相 27

图 2-23

6．构图的基本形式

摄影离不开构图，构图是摄影中十分重要的一个环节，一幅摄影作品如果没有完美的构图，就不能成为一幅佳作。根据画面构图形式的外在线性结构的区别，可以将其分为横线构图、竖线构图、对称构图等，下面介绍一些常见的构图形式。

（1）横线形式

在这种形式的画面中，被摄景物多为水平横线条构成的形态。这些景物如平静的水面、秀丽的原野等，特点是画面的视觉较为宽广，给人以稳定宁静的感觉，如图 2-24。

图 2-24

(2)竖线形式

在竖线形式的画面中,被摄景物多为垂直线条构成的形态。这些景物如高耸的建筑、人物的全身等,具有挺拔、向上、端庄、威严的造型特点,如图2-25所示。

图 2-25

(3)对角线形式

对角线会让画面更活跃,由于矩形的对角线长度最长,所以对角线构图给人延伸感。这种形式的画面能打破静止和稳定的状态,具有较为强烈的动感,表达不稳定情绪,营造活跃的气氛,如图2-26所示。

(4)对称形式

给人以平稳、均衡、重复的感觉。对称并不单一死板,可分为上下对称、左右对称、完全对称和轴对称等形式,利用好对称会让画面

图 2-26

更具有感染力和戏剧性。例如平静的水面倒影、建筑透视等多用这种方法构图,如图 2-27 所示。

图 2-27

(5)画框形式

画框式构图就好像画面中的一副精美的画框,装裱着画中之画。一般门、窗户、树枝等任意有美感的形状都可以作为画面中的画框,如图 2-28 所示。

图 2-28

（6）S形式

在S形式的画面中,被摄景物具有起伏变化、曲折波动的线条,或景物呈现为曲折变化的S形形态。如静静的小河、弯弯的羊肠小道、起伏的山峦等。这种形式的画面生动而富有变化,能吸引观赏者的视线,能使人产生情绪的波动和变化,形成舒展、优雅的视觉感受,如图2-29所示。

图 2-29

（7）放射形式

在放射形式的画面中，多根线条相交于一点，形成向外辐射形态，能产生极强的透视变化和立体感，给人迎面而来的视觉冲击力，如图 2-30 所示。

图 2-30

7. 正确选择拍摄点

所谓拍摄点，是指照相机与被摄对象之间的空间位置。它包括拍摄距离、拍摄方位和拍摄角度。

拍摄点的选择，是摄影构图学中的一个重要问题。在构图的诸因素中，拍摄点的选择是重中之重，拍摄点选择得是否妥当，是直接影响摄影构图优劣的重要因素。

当我们选定了拍摄对象之后，照相机与被摄对象之间的距离、方位和角度，是决定所拍照片画面结构的三要素。其中，距离是一个基本要素。一般来说，照片画面形式的一般特征是由景的大小决定的，距离之远近与景之大小有直接关系。方位和角度的功能，则在于更好地描绘和表现被摄对象的基本特征，使之更富有生气和魅力。正如古诗曰"横看成岭侧成峰，远近高低各不同"。

（1）拍摄距离

拍摄距离，是指拍摄点与被摄对象之间距离远近变化的关系。拍摄距离的选择,体现在照片画面上就是景别的变化。通过距离的远近变化,来确定景物形象的大小以及所包含的空间范围。通常所说的景别包括远景、全景、中景、近景、特写。在摄影创作中具体选择哪一种景别,是由摄影者根据被摄对象的性质所产生的艺术构思和立意来决定的,其目的在于更鲜明地表达主题内容,更生动地表现对象特征。

(2) 拍摄方向

拍摄方向,是指拍摄点与被摄对象之间在同一平面上的对应关系。

以被摄对象为中心,在同一水平线上的360°范围内,任何一个方位都可以作为拍摄点。不同的方位有各自不同的方向,不同的方向能获得不同的画面结构。

由于拍摄方位的变化,产生了正面构图、侧面构图、斜侧面构图、后侧面构图和背面构图等不同的构图形式。

(3) 拍摄角度

拍摄角度,是指拍摄点与被摄对象之间的水平线高度的变化关系。

在日常生活中,当我们观察处于不同高度的各种物体时,常采用的方法不外乎三种:等高的则平视;较高的则仰视;较低的则俯视。如果对同一物体采用平视、仰视、俯视来观察,则可看到垂直面、底面与顶面三种不同结构的立体效果。

将生活中以不同的高度观察物体的三种视觉现象,应用到摄影创作实践中,就形成了平摄角度、仰摄角度和俯摄角度三种造型效果。

三、实训内容

(一) 室外人物的拍摄技术

(1) 单人照拍摄技巧

(2) 团体照拍摄技巧

(二) 室外景物的拍摄技术

(1) 拍摄景物的注意事项

(2) 拍摄景物的常用器材

(3) 景物的拍摄技巧

(三) 动体拍摄技术

(1) 动态的抓拍方法

(2) 动感的表现方法

四、实训所需设备和器材

每2人为一组,准备以下设备和器材:

(1) 单镜头反光相机	1台/人
(2) 三脚架	1台/组
(3) 遮光罩	1个/人

五、实训方法和步骤

每2人为一组,轮换操作和记录。

(一) 室外人物的拍摄技术

人物照相是摄影技术中的一个专门项目,是以人为主题的摄影。

人物照相的表现形式丰富多彩,灵活多样。根据被拍人物位数的不同,可以分为单人照相、双人照相、多人照相和团体照相等;根据被拍人物景别的不同,可以分为全身照、半身照、胸像和头像等;根据被拍人物姿势的不同,可以分为站姿像、坐姿像、卧姿像等;根据拍摄角度的不同,可以分为正面照、侧面照和背面照等;根据被拍人物是否运动,可以分为动态照和静态照;根据拍摄方式的不同,可以分为纪实性照相、专访性照相和服务性照相。

人物照相并不是简单地、机械地记录人物形象,它需要通过精巧的构思,处理位置角度,运用光源造型,选取姿势表情和掌握拍摄瞬间等,才能生动有力地再现出具有生命力和感染力的人物形象。完成这一任务,需要充分的准备、细致的谋划、熟练的拍摄技巧作为支撑。

1. 单人照拍摄技巧

(1) 前期准备工作

① 选景,不同的景点有不同的特色,带给画面不同的氛围,对人物亦能产生烘托作用,如清新的园林、古朴的建筑、时尚的街景等。

② 选择拍摄时间,一天中不同时间段,阳光的照射角度不同,光影造型效果不同;不同时间段,不同季节,不同地域光照的色温不同;晴天和阴天的差异等,亦会造成画面色调的差异。

③ 选择陪体,利用陪体来对人物进行修饰,有陪体的衬托,整幅画面的视觉语言会更加生动、活泼。在陪体的选择上,要注意其是否对人物起到陪衬作用,千万不能喧宾夺主,也要注意陪体的合理取舍,防止画面杂乱无章。

④ 选择色彩搭配,人物及其衣着,同一环境中不同的事物都有其固有的色彩,不同的色彩出现在同一画面时必然会出现一定的对比效果,色彩的对比能刻画事物形态,突出主体与主题。要根据背景环境色彩,选配被摄人物衣着的色彩,营造色彩和谐的画面气氛。

⑤ 准备好镜头,最好是有大光圈定焦镜头,以便保证更好的虚化效果。变焦镜头注意将焦段调整在 85 至 135 mm,一般 100 mm 焦段的镜头适合拍摄带肩部的头像,135 mm 左右的镜头适合拍头部特写。

⑥ 准备好闪光灯或反光板,当室外光线太强时,人物面部会出现较浓重的阴影,有了闪光灯或反光板可以给人物的脸上补充光线,即便在强光下也能将人物拍好。

2. 不同景别人物照的取景特点

全身照的取景特点:全身照属于全景画面景别,构图范围包含人物的整个身体,因此不但要表现头脸,还要表现体态和四肢。姿态的变化较多，可以是站、坐、卧、蹲、跪等，因为姿势各异在画面中所占的空间面积会有所不同，要注意避免景太大，人太小。可以看到人物和环境的关系，但是画面中的环境空间则完全成为一种造型的补充和背景，起到突出人物形象的作用。一般来说，站姿全身人像，人体约占画面长度的3/4，画面看上去会比较饱满。

半身照的取景特点：半身照属于中景画面景别，构图范围是人物腰部以上，主要表现人物上半身的姿态，双手能完整地展现在画面中，会显得构图比较完整。构图的重点更多放在人物半身形体关系。环境、情节、事件及相互之间的联系属于从属地位。同全景相比较，中景的特点是可以通过画面看到更多细节，注意力更集中，感染力更强，但没有全景那样广阔的空间效果。

胸像的取景特点：胸像照相属于近景画面景别，构图范围是人物胸部以上，并占据画幅面积的一半以上。面部神态、头部形态和头颈肩关系居于画幅的主导位置，人物的面部表情、心理状态、脸部的细微之处成为主要的表现内容。画面的环境空间被淡化，推向了后景，成了陪体。背景中的环境只有轮廓，没有具体的细节和清晰的形状。胸像照相尤其重要的是要通过画面表现细节，从而刻画内心、传情达意。

头像照相的取景特点：头像照相属于特写画面景别，构图范围是人物肩部以上，画面特写是人物面部形象占据画面中心，环境空间由于构图关系和镜头焦距关系而淡化和虚化，通过人物面部特写的表现，表现人物个性形象特征，反映丰富的情感。人物的表情、神态细节都是为了更好揭示内心活动。特写画面景别的应用，消除了人眼视觉在观察和感受更细微事物时的障碍。让观者更多的注意力放在被摄主体最有表现意义的部位。

（3）拍照高度

拍照高度要根据拍摄需要和意图自由选择，可以选择平拍、仰拍和俯拍等。要明确不同拍摄高度所形成的形象特色。

平拍是人物照相最为常见的拍摄高度，是以人物主体眼睛的高度作为基准线的。这种高度所拍摄的画面效果符合人的视觉经验，人物轮廓比例正常，一般不易产生变形，看起来亲切自然。具有较强的真实感，显示出强大的亲和力。

仰拍人物的特点是，能够使人物主体上额部变窄、下颚部扩大、头颈变长、脸部饱满，并且表现出人物主体的高大与修长。还可舍弃杂乱的背景，使画面简洁，主体突出。例如拍高台跳水，以蓝天作背景。显出运动员有凌云之势，腾空飞翔之感。但是拍摄距离太近会产生较为严重的变形，反而会破坏画面中人物的形象，因此要慎重运用仰拍。

俯拍时拍摄点的位置高于人物视平线的位置。这样拍摄出的人物形象会显得渺小，俯拍头部肖像，会使额头变宽，下巴显窄，会丑化人物形象。但也不尽然，尤其俯拍有时会出现意想不到的效果，如新奇、另类等。对于人物众多的大场面，多用这种方法进行拍摄。

一般情况下，拍全身像，照相机最好位于被拍人物腰部的高度；拍摄半身人像时，照相机最好位于被拍人物胸部的高度；拍头部肖像时，照相机位于被拍人物眼睛的高度，这样拍出的人物比较自然，没有明显的透视变形现象。

（4）拍照方向

拍摄方向是在同一水平面上以被拍对象为中心围绕四周所选择的拍摄点。因为不同的拍摄方向可展现被拍人物不同的侧面形象，所以拍摄方向的选择要根据具体的被拍人物和主题表现来决定。拍摄方向通常分为：正面角度、斜侧角度、侧面角度、反侧角度、背面角度。各个角度的拍摄没有优劣之分，运用得当，都会获得成功的构图。人物拍照最常用的是正面、侧面和斜侧面角度。

正面角度的特点：正面角度有利于表现被拍人物的正面特征，直观、简洁、不变形。正面角度的构图,常是对称的结构形式,一般来说正面的构图形象比较端庄、稳重。由于正面拍摄的画面人物形象是直接面对观众的,给人一种面对面的交流感。

前侧角度的特点:在此角度,立体感强,能产生空间感和线条透视的效果。人物形象表现出来的形象特征更加丰富多样,较之正面角度更加形象生动。

侧面角度的特点:人像摄影中,侧面角度能看清人物相貌的外部轮廓特征,使人像形式多样变化。

反侧角度的特点:是一种反常的拍摄角度,它有出其不意的效果,往往能获得很生动的形象。但对拍摄对象有一定的要求,或者说是只有适当的对象才可选择反侧的方向。

背面角度的特点:背面角度,绝大多数是为了内容的特殊需要而采用的,能显示出特殊的效果。

(5) 画幅

摄影者首先需要考虑,采用何种画幅形式来框取被拍人物。不同的画幅形式有不同的构图特点,应与拍摄内容相符合。画幅形式可简单地分为横画幅、竖画幅和方画幅。

如果仅仅考虑使画面适合被拍人物的需要,使画面看上去饱满,则可以按被拍人物的具体形态来确定画幅形式。比如,躺着的人体呈横向走势,有水平舒展的特点,应采用横画幅拍摄;站立着的人物呈上下走势,有高耸挺拔的特点,应采用竖画幅拍摄。如果要使画面更有创意,则可根据表现意图的需要,使用其他形式的画幅。

(6) 构图

在拍人物照时,被拍者的姿势及造型对构图的影响非常直接。因为人体造型的多变性,使画面主体产生不同的形式美。在进行人物照构图时,应细致观察、仔细分析,根据不同的姿势和造型选择不同的构图形式,让画面中的人物形象表现在特定的形式之中。常见的人物照相构图形式有水平式构图、垂直式构图、三角式构图和曲线式构图等。

当人物采用躺姿时,身体躯干呈水平横线条构成的形态。画面的视觉较为宽广,给人稳定宁静的感觉,这时适合采用水平式构图。

当被摄人物是站姿时,具有挺拔、向上、端庄的造型特点,画面的视觉较为高耸,这时适合采用垂直式构图。

当人物是坐姿或作其他姿态时,在特定的拍摄角度,画面中的人物体态会呈现出三角形形态,或人物与陪体之间构成一种呈三角形的视觉形态。三角形构图形式,给人舒展、稳定或大气的感受。这种画面形式适合表现端庄的人物肖像。

人的身姿在特定的角度,会展现出 S 形曲线,弯曲的 S 形的线条使画面极富形式感,造成舒展、优雅的视觉感受。这时适合采用曲线式构图。

(7)突出主体的技巧

① 利用醒目位置

构图时,把人物安排在画面正中央、黄金分割点或者画面线条的交叉点或汇合点上,可形成视觉中心。在这些位置安置主体,易于吸引观者的注意力,可以达到突出主体的效果。

② 利用明暗对比

让人物的亮度和背景的亮度产生明显的对比,通过明暗差异划分层次。可以是在较暗的场景下对人物稍微补光形成背景暗、主体亮的效果,也可以是主体暗于背景的逆光效果或剪影效果。

③ 利用色调对比

利用色相、色温、饱和度的差异,我们可以把主体从背景中凸显出来,尤其是单色的背景内容,刻意制造主体色彩与背景色彩的差异,对突出主体非常有利。

④ 利用虚实对比

掌握好应用景深的技巧,使人物处于景深之内,背景处于景深范围之外,人物清晰逼真,背景虚化模糊,两者形成强烈的虚实对比关系,人物自然就凸显出来了。

⑤ 利用疏密对比

在构图时,切不可使画面上的疏密分布呈现平均化的特点。可以利用景物的"密"对单个人物的"疏"形成很好的衬托作用,比如利用茂密的树林和繁复的花丛作为背景来衬托人物。

(8) 光线的选择

采光应从两个方面进行考虑:一是光线的角度,二是光线的强度。通常情况下,太阳在斜射时亮度适中,晴天的上午9点到11点和下午3点到5点都不错。侧射角度在35至65度范围最佳,能很好地勾勒出被拍人物的形体特征。不像中午的烈日下容易产生难看的阴影,而且人物额头高光面反光太强,也不像清晨或阴天那样缺乏主光造型,显得平淡,缺乏层次。所以,选择适当的光线,是室外人物照相不容忽视的内容。不论顺光、侧光还是逆光都可以是塑造人物形象的主光,但是应注意各自的特点。

① 顺光的特点

顺光的优点是:被摄人物受光均匀;利用顺光比较有利于质感的表现;顺光拍摄色彩能得到正确还原,饱和度高,色彩鲜艳。顺光的缺点是:缺乏明暗对比,立体感较差;空间深度感和表现也较差。

② 侧光的特点

侧光是室外人物拍照最常用的光线,光线来自被拍人物的侧面。又可细分为斜侧光和侧光。侧光的优点有:有利于表现立体感和空间深度感;有利于表现被拍人物的清晰轮廓;有利于影调层次的表现。侧光的缺点有:不利于人物和景物质感的表现;侧光表现色彩也不如顺光的效果好。

③ 逆光的特点

逆光,分为侧逆光和逆光。逆光能强烈地表现出实体感,但不利于对人物皮肤质感的表现。为了使拍摄主体曝光正确,需要进行补光或曝光补偿。

(9) 调焦方法

拍摄静态人物时,一般以被拍人的眼睛为对焦点。如果离被拍人物很近,例如2米之内,由于物距短,这时景深很小,从近到远只有很小的范围是清晰的,因此调焦必须准确,最好使用手动对焦。手动调焦的诀窍就在于反复确定几次清晰调焦的过程。在拍摄运动人物时,可使用超焦距获得更大的景深。测算景深范围,确保拍摄人物在景深范围之内。

(10) 光圈、快门的确定

对静态人物进行拍照,建议选择光圈优先模式进行曝光。选择该模式,能够直接控制光圈大小,进而影响景深。快门速度由数码相机的机内测光系统决定。但在某些情况下需避免测光不准,如大面积亮或暗的背景,穿全黑、全白服饰时,可以实施正、负补光来校准曝光。拍逆光照时,启用点测光,根据光线比较暗的阴影部分确定曝光值,或通过适当增加曝光量(提高1/2 EV至2 EV),能较好地表现人物皮肤的质感。

在拍摄运动人物时,首先考虑采用合适的快门速度。快门速度和光圈不光会影响到曝光,还有可能会影响照片的清晰度。不管调焦如何精确,如果快门速度不快的话,运动人物就会是模糊的。所以,应使用速度优先模式,设定的快门速度要快于人物的移动速度。光圈大小由数码相机的机内测光系统决定。

2. 团体照拍摄技巧

团体照的特点:人数多、场面大、大都属于纪念性的,因此在排列、布光、拍摄技巧方面必须做好充分的准备,认真慎重进行拍摄。

(1) 组织排列

纪念性的团体照都采用分行整齐排列的形式,分行排列的方法一

般是前排坐在椅子上,后排站立,再后面逐层增高,保持排与排之间差距均匀。组织排列时,应注意以下几点:

① 人物排列和画幅相匹配,否则就会影响画面构图。首先确定人数,根据洗相尺寸选择画幅并考虑将人物排成几行,洗相尺寸一般 6 至 12 英寸。尺寸规格不同,宽度与高度的比例也有区别,例如 6 寸照片的比例是 2∶3,12 寸照片的比例是 5∶6,画幅因使用相机的不同,可供选择的规格亦有所不同。尽量做到照片尺寸、画幅比例、队形长宽比一致。

② 将主要人物适当安排在前面位置上;将高个排在后排,矮个排在前排,每排中间又比两边略高一点,这样构成的外围轮廓线条比较美观。

③ 每排人数不必相等,排在各排的人前后也不必对齐,应交叉开来,使后排的每个人体都位于前排两人之间,尽可能多露出一些。

④ 行距要紧密,姿态要一致。前后排尽量靠近,可以减弱透视造成的近大远小的感觉。至于姿态,一般都是正面拍摄,也可以将排在两边的身体略向中间侧转,略带弧度,可以使画面集中紧凑,排在前面的手脚要自然,保持一致。所有人的视线向前方,朝着一个方向。

(2) 室外团体照的光源

团体照的用光特点是要求照度均匀,所以室外拍摄团体照选光很重要。中午阳光是垂直照射的,面部会产生深暗的阴影,不是理想的时刻。因此除了中午前后两小时左右的时间,都可以选到合适的光线。太阳光源的漫射光和直射光都适宜团体照摄影,一般认为阴天的散射光较宜。室外团体照的选光不论是晴天还是阴天,对光源方向的选择也很重要。一般以侧光较好,但偏侧角度不宜过大,因为投影会影响附近的人,用正面光不适宜,过于平淡,显得无力,一般不选用逆光,使人面部发灰。最佳侧射角度是 45 至 65 度。

(3) 镜头的选择

使用标准镜头最为合理,广角镜头会造成照片周边人物形象的变形,影响成像质量。长焦镜头,因为其光学特性,造成景深的纵深范围相对比较窄,而团体照的队伍前后距离比较大,因此会造成队伍整体难以同时对焦清晰的状况。因此最佳选择是使用标准镜头。

(4) 调焦方法

以手动对焦为宜,对焦第一排,因为前景小,后景大,既能确保第一排的重要人物成像清晰,又能兼顾后排人物处在景深范围之内。可以结合景深预测功能,观察被拍对象是否处在景深范围之内。

(5) 曝光

选择小光圈,但是并非越小越好,小到多少合适呢?这就需要计算一下景深了。使用景深表,通过物距、纵深清晰范围,求得光圈数值,确定光圈后,使用光圈优先模式,确定曝光时间。

(6) 采用连拍

采用连拍功能是在拍摄团体照时避免出现问题的有效方法。在多张照片中,总会有一张合适的照片。另外,可以启用观看模式,并放大图片,查看眼睛等重要细节,确保没有问题。

(二) 室外景物的拍摄技术

景物即景致事物,指可以供观赏的自然物,多着眼于物体。景物是风景摄影构成的客观因素、基本素材,是具有独立欣赏价值的风景素材的个体。小到砂砾石子,大到山川河流;有生命的如植物动物,没生命的如建筑雕塑;有形的如胜迹遗址,没形的如空气光色,都可包括在景物范畴。形象的多样性,形态的多变性,造就了景物照相题材和拍摄技巧的丰富性。

景物的拍摄,不光是对物的客观再现,而且要揭示自然之美,抒发思想感情。

1. 拍摄景物的注意事项

(1) 注意确定拍摄景物的主题

选择每一类景物摄影的题材,都应该对其有一个充分的了解,最好知道景物的各类特点和情况,和拍摄该类题材已经成熟的经验和技术,做到心中有数,才能为拍摄的主体挑选出好的项目,从而确定之后所取用的拍摄方式。

(2) 注意突出主体

面对广阔的自然环境,拍摄角度的选择非常自由灵活,在有的画面里主体并不容易确定,需要认真分析它们的主次关系,主体的本质是表现主题的主要景物,突出主体的方法也有很多种,一般是把主体安排在画面上重要而明显的位置,如黄金分割点或画面的正中心,而陪体只位于整个画面四周部分地方。

(3) 注意画面的形式美感

形式美是景物内涵美和意境美的存在方式。画面的形式美感主要依靠色彩、线条和形体构成。很多作业之所以没有感染力,原因之一就是拍摄者拘泥于客观写实,只是运用基本技巧较好地再现客观景物,而不是借景抒发自己的意气,展现景物的内涵美和意境美。

(4) 注意照片的技术质量

使用数码相机拍摄景物时,可以从以下几个方面提高照片的技术质量:① 选择专业单反数码照相机,配备专业镜头以提高成像质量;② 像素越高越好;③ 曝光控制要准确;④ 构图要到位。

2. 拍摄景物的常用器材

(1) 镜头

选用的镜头,决定了画面的成像效果,不同的镜头各有特点。

标准镜头的视角接近人眼观看景物的视角,能够提供一个最为正常的视觉效果,是景物拍摄常用的镜头之一。

长焦镜头,能够把远距离的景物拉近,也有利于把主体从背景中分离出来。在远距离拍摄可以帮助我们减轻画面变形,可获得画面横平竖直的效果。

广角镜头拍摄景物,往往透视变形失真严重,如果强调画面的戏剧性效果而完全不顾原有景物的空间比例,这种透视变形能带来强烈的视觉冲击效果。

移轴镜头是拍摄建筑的专用镜头,因为具有透视校正功能,能够较自由地选择拍摄位置拍摄建筑物的全貌而不产生或少产生畸变,是纪实性建筑摄影不可或缺的镜头之一。这种特色镜头用在比较严谨的风光建筑摄影当中,在有些创意类型的照片上,普通镜头即可完成。

(2)滤光镜

室外景物拍摄,一些滤光镜是必备的。常用的滤光镜有如下几种:

中灰渐变镜:可压暗天空的影调。在晴朗的天气下,天空的亮度往往远高于地面景物,天空和景物的细节无法同时呈现。而中灰渐变镜可以压暗天空的影调,减少反差,拍出暗部细节和亮部天空不过曝的作品。

偏光镜:是滤镜中是最实用的一种。将偏光镜安装在镜头前,可以滤掉一些大气中的偏振光,或削弱、消除景物的反光,这时就可以让色彩饱和度大增。透过偏光镜可以让蓝天更蓝、白云更突出。

(3)三脚架

三脚架的主要功能是支撑、固定相机,防止相机拍摄时的震动,是景物照相必不可少的器材。

3. 景物的拍摄技巧

(1)确定拍摄对象,选择拍摄角度

任何景物的独特点都是景物拍摄最好的表现点。拍摄某景物之前,最好对该景物有一定的了解,或看看文字介绍或看看别人拍的不错的照片是从何角度拍摄的,可以给我们一些启发,并避免一些可能出现的问题。取景构图时,要放胆去寻找有趣的画面,由不同的距离和角度开始发掘。既可以在远处拍辽阔的画面,表现景物与周围环境的关系,强调整体气势;也可以在近处拍摄局部,通过特别的角度表现景物的形体、线条、尺度比例、质感、色彩和几何图案等独特的元素。

常规情况下,表现景物的特征采用平视的角度,尽量避免主体因拍摄视点太仰或太俯而出现的变形。如果景物的形体特别高大,采用升高视点来拍摄的做法也是一种常见的手段,通常情况下,高视点更便于全面展示景物四周的环境,让画面内的视野显得更开阔。

正面角度拍摄,适于表现对称结构特点的景物,但缺乏深度。正面角度也适合表现宏大规模的景物。在景物的前侧拍摄是种最常用的拍摄方位,因为侧向观察景物透视效果更佳,所以这种拍摄位置容易表现景物的立体感。

(2) 光线的选择

室外景物拍摄,主要靠自然光。因此正确的应用自然光就显得非常重要。不同的光线变化,对景物有不同的造型效果。

拍摄练习可以由日常最熟悉的景物开始,对它一天内不同时间光线的特点加以比较、了解,找出最漂亮的时刻去拍摄。但要留意的是虽然时间正确,天色、云量、空气等也会对景物产生影响。一般情况下,晴天白日,明暗对比鲜明,立体感强,适合表现景物的某一侧面;如果想拍摄剪影形式,应在清晨、黄昏时拍摄,这时天空中的景色,会为画面增添浓厚的气氛;阴天是拍摄景物的好时机,此时的散射光没有明确的方向性,且光线柔和,有利于表现景物的全貌和细节。

(3) 增强画面形式美感的方法

仔细观察,发掘景物本身所蕴藏的线条构成,以它们作为构图的参考,成为视觉的引导线或者构成有表现力的几何形状。这些线条可以吸引观者游走在画的世界或者使画面拥有耐人寻味的抽象效果。

利用倒影增加美感,对一些有水域映衬的景物,可以表现水面呈现对称倒映的效果,虚实结合,空灵生动,对美化画面同样适宜。

当画面的形象单一时,看起来会比较单调乏味。可以给主体物周围安排一些有对比意思的景物,例如新旧对比、大小对比、形体对比等,这样可以令画面显得更丰富。

在清晨或黄昏华灯初上之时拍摄景物,街灯、楼房的照明灯,车灯、广告牌的灯光等,各种色光交织在一起,会对景物产生一定的映射,让画面的光线视觉元素更丰富。

应用广角镜头,采用仰视的手法,造成景物的变形,适当的变形可以令景物显得更宏伟,或是更有张力,显得更有趣味。

(4)获得清晰画面的方法

① 准确对焦,必要时手动对焦。

② 拍摄远景的图片一般要求全程清晰,所以镜头的焦距越短、所用的光圈越小,就越有助于获得大景深,画面看起来就越清晰。

③ 除非必要,建议少用滤镜,慎用多片滤镜叠加。

④ 尽可能使用遮光罩。

⑤ 经常检查云台与三脚架的连接是否结实。

(5)光圈、快门的确定

拍静态景物时,对景深的要求比较高。最小光圈是获得最大景深最简易的方法,但通光量会大量减少,使相应的曝光时间增长,使用三脚架,可提高拍摄的稳定性和成功率。另外提高感光度也可以减少快门开启时间,但最好控制在ISO400以下,过高的ISO设置会使拍摄的画面产生很多的噪点,影响照片的成像质量。建议使用光圈优先模式,光圈的选择也不宜太小,选择好光圈大小,快门速度由相机测光系统自行决定,根据光照强度情况调节曝光补偿。

在拍摄运动人物时,首先考虑采用合适的快门速度。快门速度和光圈不仅会影响到曝光,还有可能会影响照片的清晰度。不管调焦如何精确,如果快门速度不快的话,运动人物就会是模糊的。所以,应使用速度优先模式,设定的快门速度要快于人物的移动速度。光圈大小由数码相机的机内测光系统决定。

(三) 动体拍摄技术

动体摄影是在被摄对象显著的、急速的运动中进行拍摄,因而它比静态对象的拍摄难度要大些。动体摄影包括对体育运动、动物、运动中的车辆、人类生产生活等的拍摄。动体拍摄应该突出表现出一个"动"字,在瞬间的捕捉方面掌握一个"准"字,在照片的构图及用光、造型等方面追求一个"新"字。只有这样,才能称得上是一张优秀的照片。在拍摄时,能否准确地捕捉住精彩的瞬间,应该从以下几个方面有所准备或考虑:

1. 动态的抓拍方法

(1) 取景

① 要做好调查研究,了解所拍项目的运动特点和规律。

② 要充分考虑到拍摄现场上的光线效果和背景对主题的烘托。

③ 突出主体。

突出主体的方法有:

① 主体占据画面的较大范围。

② 利用大光圈和长焦距虚化背景。

③ 利用背景和主体色调或影调的反差。

(2) 光线的选择

要表现动体的神态用顺光或前侧光,如要表现动体的造型可选用侧逆光或逆光。

(3) 调焦的方法

① 定点聚焦法。定点聚焦法即事先找准某一替代物作为聚焦对

象。替代物应在动体将要到达地的附近,或是两者到拍摄点的距离相等。例如,拍体育运动中的跳高比赛,可以将焦点调在横竿的中间;排球比赛,可以将焦点调在球网上;百米赛跑,可以将焦点调在终点线上等。

② 区域聚焦法。这种方法适用于动体必然在某一范围内活动的情形。

③ 跟踪聚焦法。跟踪聚焦法即不停地跟踪动体进行聚焦。

(4) 光圈、快门的确定

先确定能凝结动态的快门速度,然后调整光圈到合适曝光量。一般情况下,以 1/250 秒以上的快门速度进行抓拍基本是可靠的。当然这还要视具体被拍动体、拍摄角度等情况而定。可以根据动体的运动速度进行换算来确定快门速度。总之,快门速度与动体运动的速度成正比。被摄对象的运动速度越快,所使用的快门速度也应越快。所以,建议应用速度优先模式,设定好快门速度以后,光圈大小由数码相机的内测光系统决定。

2. 动感的表现方法

(1) 虚实结合

① 取景。选择运动中的物体,同时动体的各个部分的运动速度应有差异,这样在选用了合适的快门速度前提下,才可拍出虚实结合的画面,恰如其分地表现出动感。

② 光线的选择。以现场光为主,多采用顺光或侧光。

③ 调焦的方法(同动态的抓拍方法)。

④ 光圈、快门的确定。先确定快门速度,使其处在合适的区间,既能表现物体的动感,又不至于模糊不清。在确定了快门速度之后,调整光圈到准确的曝光量。

(2) 追随法拍摄

在追随动体的移动过程中按下相机快门,所拍摄画面的动体较为清晰,而背景呈强烈的线状虚化,这种画面的动感强烈。

① 取景。横向追随法主要用于短跑、跨栏、车赛、滑冰、滑雪等项目,纵向追随适于迎面而来的快速运动,如短跑、赛马、车赛、冲浪、跳远以及投掷项目等,竖向追随一般适于篮球起跳投篮、高台跳水等项目。

② 光线的选择。逆光或侧逆光的光线对追随法拍摄较为理想,有助于主体与背景分离而富有空间感。

③ 调焦的方法(同动态的抓拍方法)。

④ 光圈、快门的确定。先确定能表现动感的快门速度,然后调整光圈到合适曝光量。

必须掌握不得使用较高的快门速度(一般应控制在 1/60 至 1/30 秒)。

(3) 变焦法拍摄

在曝光过程中,通过推拉镜头改变镜头的焦距,使画面影像中所有的元素由中心向四周或由四周向中心移动变化的过程被记录下来,这就是变焦拍摄。在变焦拍摄的画面中,主体的轮廓从画面中心向四周扩展,使本来静止的影像具有强烈的爆炸状效果,给人以很强的视觉冲击力。

① 取景。被拍主体应该安排在画面的中央位置,这样才能确保主体的清晰度和表现力。在变焦过程中,画面中心的一块区域是相对不动的,周边区域会随着变焦发生拉伸变形。距离中心越远,影像被拉伸的变形越大;反之,变形小,清晰度也就相对高。

② 快门速度。一般情况下使用 1/30 秒的快门速度,如果快门速度太快,会使影像凝固下来;如果快门速度太慢,主体影像容易虚化,清晰度会受到一定影响。

③ 选择背景。拍摄放射状线条画面,背景环境不能是单一的,应该有明暗和色彩的变化,这样的背景环境容易用变焦拍摄出丰富的

线条,强化爆炸效果。

④ 使用三脚架。拍摄时由于快门速度较低,同时又要进行变焦和按快门等操作,很容易造成抖动模糊。因此,应该使用三脚架,以保证被拍主体成像清晰。

六、实训中的注意事项

(1) 拍摄过程中必须持稳相机,谨防相机抖动。

(2) 所拍画面的景深必须满足拍摄意图的需要。

(3) 曝光量要准确无误,对不同灰度的景物要根据灰度深浅,进行曝光补偿。

(4) 面向强的点光源拍摄时,要防止强光直射镜头而产生眩光,应采取措施,使眩光消失后再按动快门。

七、实训报告的填写要求

1. 按实训报告的规格填写实训报告,写明实训目的、原理、内容和操作步骤。

2. 根据实训任务进行拍摄练习,在拍摄过程中做好拍摄记录,内容包括:

(1) 拍摄主题。

(2) 拍摄季节、时间、天气情况。

(3) 所应用的对焦模式、测光模式和拍摄模式。

(4) 曝光参数数值。

(5) 构图形式。

(6) 景别情况。

(7) 摄影用光情况。

(8) 景深的控制情况。

3. 选 2 幅比较满意的照片冲印,并贴在实训报告实训结果栏,进行分析,总结拍摄手法、取景构图、光线运用、景深控制等方面的成败及原因。

八、实训作业和思考题

(1) 利用黄金分割法、明暗对比法、疏密对比法、色调对比法、虚实对比法各拍一张突出主体人物的照片。

(2) 拍摄一张凝固运动物体的照片。

(3) 拍摄一张运动物体有动感效果的照片。

(4) 以"美丽校园"为主题,拍摄一组照片。

(5) 室外景物的拍摄应注意些什么?

(6) 不同焦距对画面的影响?

(7) 如何控制景深?

(8) 拍摄景物时,凸出拍摄主体的技巧有哪些?

实训三 闪光照相

一、实训目的

了解电子闪光灯工作原理、结构和功能,弄清灯上符号、标志的含义。掌握闪光灯的正确操作方法。通过闪光补光、夜晚人物拍摄和静物的拍摄训练,掌握闪光灯的配光技巧。

二、实训基础知识

(一)闪光灯的工作原理

闪光灯一旦接通电源,直流变换器便将直流电逆变成交流电,再经过整流滤波电路,可以获得150伏左右的直流电,整流后的直流电分别加到闪光灯管的两端和高压电路,这时如果按动相机快门按钮,在高压电路的输出端可获得1万伏左右的高压触发脉冲。当闪光灯管受到高压的激发,使管内缸气电离,便会产生弧光放电,发出强烈的闪光。

(二)闪光灯的照明特点

(1)和其他灯比较,发光强度极大。

(2)闪光灯发光方向性明确,有利于形体的塑造。

(3)发光持续时间极为短暂。放电时间大约为1/10000至1/1000秒,放电间隔时间,直流电约为3至5秒。它的持续时间因闪光灯的种类以及输出光量的不同而不同。

(4)电子闪光灯的发光光谱均匀,显色性好,色温约为5600 K左右,接近白昼光的照明效果。

(5)便于携带。

(三) 闪光灯的种类

摄影用的闪光灯有很多种,有影室用的大型闪光灯、便携式的闪光灯、照相机内藏闪光灯、环形闪光灯、特种摄影专用闪光灯和水下摄影用闪光灯等。其中摄影者最常用的是便携式闪光灯。

1. 单体式闪光灯

这类闪光灯与照相机分离,由电池腔、灯体和灯头等构成。多数灯头可以自由旋转以适应不同的反射闪光,灯头上有罩壳可前后伸缩,可改变闪光辐射角度,以适应广角、标准或长焦镜头的使用。这类闪光灯包括手动闪光灯、自动闪光灯。

2. 相机内置式闪光灯

这类闪光灯是照相机的一部分,它的一般功率比较小,除灯头外,其他电容器、集成电路与照相机合二为一,所使用的电池有单独的也有与照相机共用的。卡片机均属此类。

3. 高端相机配套闪光灯

这类闪光灯多为单体式闪光灯,是与特定照相机匹配使用的专用闪光灯。在这种闪光灯的插头上,有许多与专用照相机对应的触电,使两者的电路相通,起到自动控制相机快门、光圈,自动适应胶片感光度,以及显示正确闪光、曝光数据的作用,其优点是曝光准确。

4. 近摄闪光灯

多为近距离拍摄较小对象所使用的专用闪光灯。这类闪光灯多为环型灯管,可旋紧或卡在相机镜头上,环型灯管的中心轴与镜头光轴一致,光轴方向准确、照度均匀。

5. 影室闪光灯

多为用于摄影室内的闪光灯。影室闪光灯的闪光指数较大,多使用交流电,一般在闪光灯上装有供观察闪光效果的小钨丝灯,使用一小型闪光灯与照相机进行连接,其他闪光灯之间以光控感应的方式连接。

三、实训内容

（1）以 Sony HVL-F43AM 闪光灯为实例，了解闪光灯结构、功能，弄清灯上符号、标志的含义。

（2）了解 Sony HVL-F43AM 闪光灯的主要性能，练习闪光灯的基本操作方法。

（3）闪光灯的配光方法。

（4）应用闪光补光方法拍摄逆光照相的技巧。

（5）夜晚人物拍摄技术。

（6）静物拍摄技术。

四、实训所需设备和器材

（1）电子闪光灯（包括电池）　　　　　　　　　　　　1 台/人

（2）数码单反相机　　　　　　　　　　　　　　　　　1 台/人

五、实训方法和步骤

每 2 人为一组，轮换操作与记录。

（一）识别闪光灯部件

以 Sony HVL-F43AM 闪光灯为实例，对照图 3-1、图 3-2、图 3-3 识别闪光灯部件。了解闪光灯结构、功能，弄清灯上符号、标志的含义。

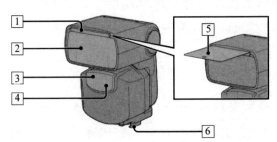

① 内建广角散光板　② 闪光管　③ 无线信号接收器　④ AF 照明器
⑤ 反射片　⑥ 安装脚座

图 3-1

实训三 闪光照相 55

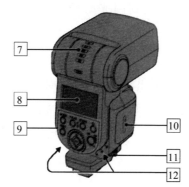

⑦ 反射指示器(上方/下方角度) ⑧ 液晶荧幕面板 ⑨ 控制面板 ⑩ 电池室盖 ⑪ 释放按钮 ⑫ 反射指示器(侧方角度)

图 3-2

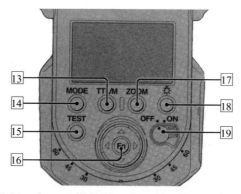

⑬ TTL/M 按钮 ⑭ MODE 按钮 ⑮ TEST 按钮 ⑯ Fn(功能)/方向按钮 ⑰ ZOOM 按钮 ⑱ 液晶屏幕照明按钮 ⑲ 电源开关

图 3-3

(1) 内建广角散光板:拉出内建广角散光板时,闪光范围扩大至 15 至 24 mm 的焦距。

(2) 闪光管:请勿靠近人眼进行闪光,闪光灯的灯光可能会损害眼睛。

(3) 无线信号接收器:无线闪光使用闪光灯的光信号作为触发器,来操作离机闪光灯装置。

(4) AF 照明器:处于低照度环境或拍摄主体对比度较低时,若半按快门按钮进行自动对焦,则闪光灯装置前面的红色照明器将会亮起。该照明器为 AF 照明器,用于辅助自动对焦。

（5）反射片:反射片可以在拍摄主体的眼睛当中产生高光,使拍摄主体看起来更精神。拉出广角散光板时,反射片被拉出。推回广角散光板。使用反射片时,将反射角度设为向上 90°。

（6）安装脚座:将闪光灯装置安装至相机。在闪光灯装置关闭的状态下,将安装脚座推至相机的自锁式配件接座上,直到安装至定位。

（7）反射指示器（上方/下方角度）:可以向上或向下转动闪光灯灯头,从而调节灯光照射角度。

（8）液晶荧幕面板:显示相关性能参数。

（9）控制面板:控制键所在区域。

（10）电池室盖:依照箭头指示方向滑动,可打开室盖,注意电池的安装方向。

（11）释放按钮:按下释放按钮的同时,依箭头方向卸除闪光灯。

（12）反射指示器（侧方角度）:可以向左或向右转动闪光灯灯头,从而调节灯光照射角度。

（13）TTL/M(MANUAL/MULTI)按钮

自动闪光测光/手动闪光/多重闪光切换按钮。每按一次,切换为一种模式,往复循环。

TTL 即通过镜头,TTL 测光是利用通过镜头的实际光量来确定相应的闪光输出量的一种测光模式。这种测光实际上是在取景器见到的现场范围内确定闪光的输出量,为拍摄主体提供正确的曝光,失败几率极低。

手动闪光可在忽略拍摄主体亮度和相机设定的情况下,提供固定的闪光强度。

多重闪光是指闪光灯可以按照自订的频率和次数进行闪光。

(14) MODE 按钮:变更闪光模式。

按 MODE 按钮液晶荧幕面板上的指示图标变更如下:

自动闪光模式/填充式闪光→无线闪光模式→禁止闪光模式

(15) TEST 按钮:测试闪光按钮,在拍照之前可尝试测试闪光。

(16) Fn(功能)/方向按钮:Fn 是自订设定菜单的开启按钮,长按 3 秒以上,显示自订菜单。Fn 与方向按钮结合使用,也可以起到选择确定某项功能的作用。

(17) ZOOM 按钮:手动变焦和自动变焦的切换按钮。

(18) 液晶屏幕照明按钮:若液晶屏幕面板太暗,可按下液晶屏幕照明器按钮将其照亮。维持亮起约 8 秒。明亮时再次按下可熄灭。

(19) 电源开关:开启关闭电源。

(二) 闪光灯的基本操作方法

1. 自动闪光测光(TTL)的操作方法

将闪光灯安装在相机上之后再打开电源。在相机上选择支持 TTL 闪光拍照的拍摄模式。确定液晶荧幕面板下方左侧有 TTL 显示,半按快门按钮时,液晶荧幕面板上出现能获得正确曝光的距离,使被拍物处于显示的距离范围之内,即可进行拍照。

(1) 若没有 TTL 显示,可按 TTL/M 按钮,每按一次,切换为一种模式,直到 TTL 出现为止。

(2) 如果闪光灯不工作,按 MODE 按钮,将禁止闪光模式变更为填充式闪光模式或自动闪光模式。

(3) 可以变更本闪光灯的自订设定,其中第 4 项是[更改可使用手动闪光模式和多重闪光模式的录制模式]。即当选择[仅 M 模式]的录制模式时,仅在相机为 M(手动)拍摄模式时才支持启用多重闪光、手动闪光和 TTL 测光模式。若切换到其他拍摄模式时,自动选择 TTL 测光。当选择[所有模式]的录制模式时(如 P、S、A 等拍摄模式),不受拍摄模式限制,都能够启用多重闪光、手动闪光和 TTL 测光模式。

（4）闪光灯充电完成后,按下快门按钮进行拍照。控制面板上的TEST按钮亮起黄灯时,表示闪光灯装置已完全充电。若在充电完成之前进行拍照,照片会由于亮度不足而造成曝光不足。刚刚拍摄的照片获得正确的曝光时,控制面板上的TEST按钮会呈绿色闪烁。

2. 手动闪光(M)的操作技巧

将闪光灯安装好之后,将相机调整到M拍摄模式,这时就可以使用手动闪光功能。按TTL/M按钮,每按一次,切换为一种模式,直到MANUAL出现在液晶荧幕面板正下方。手动闪光可在忽略拍摄主体亮度和相机设定的情况下,提供固定的闪光强度。

（1）由于手动闪光不受拍摄主体反射的影响,因此适合于反射过亮或过暗的拍摄主体。

（2）半按快门按钮时,液晶荧幕面板上出现能获得正确曝光的距离。使显示的距离与拍摄距离一致。

（3）可以变更本闪光灯的自订设定,其中第4项是[更改可使用手动闪光模式和多重闪光模式的录制模式]。即当选择[仅M模式]的录制模式时,仅在相机为M(手动)拍摄模式时才支持启用多重闪光、手动闪光和TTL测光模式。若切换到其他拍摄模式时,自动选择TTL测光。当选择[所有模式]的录制模式时(如P、S、A等拍摄模式),不受拍摄模式限制,都能够启用多重闪光、手动闪光和TTL测光模式。

（4）按下▲或▼按钮选择想要设定的功率位准。功率位准决定了闪光灯的输出亮度。功率位准最多有22个调整范围。功率位准间隔可以在[自订设定]第9项中进行调整,以0.3 EV或0.5 EV的幅度变更功率位准。

（5）进行手动闪光拍照时,若功率位准设为1/1,则闪光灯将以最大功率进行闪光。设定光圈,使功率位准范围(如1/1→1/2)对应光圈范围(如 F4→5.6)。

(6)使用手动闪光拍照之后,TEST 按钮(呈绿色闪烁)的闪光范围检查指示不会运作。

3．多重闪光(MULTI)的操作技巧

将闪光灯安装好之后,将相机调整到 M 拍摄模式,这时就可以使用多重闪光功能。按 TTL/M 按钮,每按一次,切换为一种模式,直到 MULTI 出现在液晶荧幕面板右下方。半按快门按钮时,液晶荧幕面板上出现能获得正确曝光的距离。使显示的距离与拍摄距离一致。该种闪光模式的特点是闪光灯在快门打开时多次闪光。多重闪光能在照片中捕捉拍摄主体的运动,方便以后分析。

(1)为了进行多重闪光拍照,相机必须设为 M 模式。若相机使用 M 模式以外的模式,可能无法获得正确的曝光。

(2)可以变更本闪光灯的自订设定,其中第 4 项是[更改可使用手动闪光模式和多重闪光模式的录制模式]。即当选择[仅 M 模式]的录制模式时,仅在相机为 M(手动)拍摄模式时才支持启用多重闪光、手动闪光和 TTL 测光模式;若切换到其他拍摄模式时,自动选择 TTL 测光。当选择[所有模式]的录制模式时(如 P、S、A 等拍摄模式),不受拍摄模式限制,都能够启用多重闪光、手动闪光和 TTL 测光模式。

(3)按下 Fn 按钮使[Hz]闪烁,然后按下▲或▼按钮选择闪光频率。表示每秒闪光次数。次数多时间隔短。

(4)按下 Fn 按钮使[TIMES]闪烁,然后按下▲或▼按钮选择闪光次数。

(5)按下 Fn 按钮使功率位准指示器闪烁,然后按下▲或▼按钮选择欲设定的功率位准。该功率位准最多有 13 个调整范围。

(6)设定快门速度和光圈:快门速度应至少与闪光次数除以闪光频率的值相同。例如,若闪光次数为 10 次,且闪光频率为 5,相机的快门速度设为 2 秒或以上。

（7）为了避免晃动，建议在多重闪光拍照期间使用三脚架。

（8）启用无线闪光模式时，不能进行多重闪光。

（9）使用多重闪光拍照之后，TEST 按钮（呈绿色闪烁）的闪光范围检查指示不会运作。

4．无线闪光拍照的操作方法

将索尼 HVL-F43AM 型号的闪光灯和索尼 A580 相机组合使用时，可以将 HVL-F43AM 型号的闪光灯作为离机闪光灯，相机内建闪光灯作为控制器，进行无线闪光拍照。

（1）将闪光灯装置安装至相机，然后开启闪光灯装置和相机的电源。

（2）将相机设为无线闪光模式。设定方式依所使用的相机不同而异。将相机设为无线方式时，闪光灯也会自动设为无线方式，液晶荧幕面板上会显示 WL。闪光频率资讯会传至相机。即使为无线闪光模式也可变更亮度位准。但是，无线闪光模式不支持多重闪光。

（3）从相机拆下闪光灯装置并抬起内建闪光灯。确认闪光灯装置液晶荧幕面板上的无线遥控模式设为[RMT]或[RMT2]。

（4）放置相机和闪光灯装置。将相机和闪光灯装置放置在室内等较暗的地方。

（5）确认内建闪光灯和本闪光灯装置均完全充电。

（6）拍摄时如果闪光灯没有运作，可以改变相机、闪光灯和拍摄主体的位置，或者使无线信号接收器朝向相机。一般情况，应将照相机和离机闪光灯放置于被摄主体半径 1 m 到 5 m 之内。重新检查内建闪光灯和离机闪光灯装置是否完全充电，然后按下快门按钮进行拍照。

5．自定义设置的操作方法

（1）按照以下方法更改自定义设置：

① 电源开关设为 ON 时，按住 Fn 按钮 3 秒钟以上，便会显示首

个项目(C01 HSS 设置)。

② 按下◀或▶选择欲变更的设定项目。

③ 按▲或▼变更设定,然后按下 Fn 按钮,即完成自定义设置,液晶荧幕显示会返回录制模式。若在 C03、C04、C06 或 C07 当中选择了默认设置以外室外设置时,液晶荧幕面板上将会出现[C]图标。即使关闭闪光灯装置或取出电池,所选设定仍然予以保留。

(2) 可根据需要变更各种闪光设定。共有 9 项内容可以更改。

① 设置高速同步(打开/关闭)

打开高速同步,快门速度快于闪光同步速度时,本闪光灯装置将会自动设为高速同步。关闭高速同步,设置的快门速度不能高于同步速度。

② 更改无线闪光的频道设置(频道 1 至 4)

共有 4 个频道可以选择,相机和闪光灯不在同一频道,便不能闪光;在同一频道的多台离机闪光灯可以同时闪光。

③ 选择无线控制模式(1/2)

共有两个选择,控制 1 和控制 2,即[CTRL1]和[CTRL2]。在无线闪光拍照下将 HVL-F43AM 用作控制器时,根据离机闪光灯的型号选择[CTRL1]或[CTRL2]。若使用本型号闪光灯用作离机闪光灯时,选择[CTRL1]模式。但是目前所使用的相机 A580 不支持将 HVL-F43AM 用作控制器时的无线闪光拍照。

④ 更改可使用手动闪光模式(M)和多重闪光模式的录制模式(仅限 M 模式/所以模式)

当选择[仅限 M 模式]的录制模式时,仅在相机为 M(手动)拍摄模式时才支持启用多重闪光、手动闪光和 TTL 测光模式。若切换到其他拍摄模式时,自动选择 TTL 测光。当选择[所有模式]的录制模式时(如 P、S、A 等拍摄模式),不受拍摄模式限制,都能够启用多重闪光、手动闪光和 TTL 测光模式。但是,以照相机 M 模式以外的其他模式拍摄时,可能无法获得正确曝光,因此推荐使用照相机的 M 模式。

⑤ 更改测试闪光模式(1 次/3 次/4 秒)

有三个选项,[TEST1]/[TEST2]/[TEST3],分别为闪光一次、以指定速率闪光 3 次、以指定速率闪光 4 秒。

⑥ 更改节电时间(30 秒钟/3 分钟/30 分钟/无)

有四个选项,分别为 30 秒、3 分钟、30 分钟后切换到节电模式、禁止节电模式。

⑦ 更改使用无线闪光时的省电时间(60 分钟/无)

有两个选项:[PS 60]60 分钟后切换到节电模式。[PS——]禁止节电模式。

⑧ 更改闪光范围单位(米/英尺)

⑨ 更改功率电平间隔(0.3/0.5)

有两个选项:[0.3]以 0.3 EV 为步长更改功率电平。[0.5]以 0.5 EV 为步长更改功率电平。

6. 内建广角散光板的操作技巧

(1) 拉出广角散光板,将其设定在闪光管的前方,然后推回反射片。

(2) 拉出广角散光板,[WIDE]图标显示于液晶荧幕面板上;放回广角散光板时,将其向后完全推入,然后确认液晶荧幕显示的[WIDE]已关闭。

(3) 不能强行拉出广角散光板,否则可能会损坏。

(4) 使用焦距低于 15 mm 的广角镜头时,荧幕周围可能较暗。

7. 反射指示器的操作技巧

(1) 握住相机的同时,向上、向下、向左或向右转动闪光灯装置。

(2) 向上转动闪光灯时,液晶荧幕面板上不显示闪光范围,高速同步图标也会被清除,不会出现反射指示器图标。

(3) 使用白色天花板或墙壁进行闪光灯反射。彩色表面可能改变光线的颜色。

8. 高速同步操作技巧

高速同步消除了闪光同步速度的限制,并能够在相机整个快门速度范围内使用闪光灯。由于可选光圈范围增加,因此可使用大孔径光圈、背景脱离焦距以及强调正面拍摄主体的手法进行闪光拍照。

(1) 设定的快门速度快于闪光同步速度时,本闪光灯装置将会自动设为高速同步。闪光同步速度根据照相机而异。

(2) 建议在明亮的地方拍摄照片。

(3) 高速同步不能与反射闪光一同使用。

(4) 由于高速同步会妨碍获得正确的曝光和色彩,因此对于高速同步不建议使用闪光测光表或彩色测光表。

(5) 使用高速同步时,闪光范围变得比普通闪光拍摄短。确保被摄主体位于闪光范围内。

(6) 使用无线闪光拍照时也可以使用高速同步。

(7) 如果选择[OFF],高速同步便被取消。高速同步取消时,设置的快门速度不能高于同步速度。

9. 闪光范围的操作技巧

半按快门按钮液晶荧幕面板上会显示正确曝光的闪光范围。确定拍摄主体位于该范围之内,然后进行拍照。

(1) 液晶荧幕面板上可显示的范围为1.0 m至20 m,当距离超出该范围时,闪光范围的一侧会亮起◀或▶。

(2) 使用向下反射的范围是0.7 m至20 m,使用向上反射闪光的闪光范围或无线闪光不显示。

(3) 拍照距离小于闪光范围的下限时,即使TEST按钮呈绿色闪烁,照片也可能过度曝光,或相机液晶显示器上的影像底部可能会变暗。

10. 使用测试闪光的操作技巧

（1）TEST 按钮亮起黄灯时按下 TEST 按钮。TEST 按钮呈黄色时，表示闪光灯就绪，呈绿色时，正确曝光。

（2）测试闪光的亮度位准视亮度位准设定而定。在 TTL 模式中，闪光灯装置以 1/1 的亮度位准闪光。

（3）利用测试闪光功能，可以在拍照之前检查拍摄主体上的阴影。

（4）可以更改测试闪光模式，闪光灯装置具有两种类比闪光模式：三次闪光模式和闪光灯装置重复闪光 4 秒的类比闪光模式。

11. 变焦闪光范围的操作技巧

液晶荧幕面板上显示［A ZOOM］时，自动变焦已启用。显示［A ZOOM］时，液晶荧幕面板上不显示变焦。

（1）拍照时，闪光灯装置自动切换最佳闪光范围，涵盖 24 mm 至 105 mm 的焦距范围。通常情况下，无须手动切换闪光范围。

（2）使用自动变焦时，若使用焦距小于 24 mm 的镜头，则［WIDE］会在液晶荧幕面板上闪烁。此时，为了避免影像周围较暗，建议使用内建广角散光板。

12. 手动变焦的操作技巧

无论当前镜头的焦距如何，均可手动设定闪光范围（变焦范围）。

（1）按下 ZOOM 按钮选择想要设定的闪光范围。依据焦距确定的闪光范围可以表现为焦距数值。所以，手动变焦时，液晶屏幕上的焦距数值要和镜头上的焦距数值一致。

（2）手动设定变焦时，变焦范围的上面显示［M ZOOM］。若闪光范围设定为小于当前镜头的焦距，则荧幕周围较暗。

13. 近摄拍照（向下反射）的操作技巧

（1）拍摄距离相机 0.7 m 至 1.0 m 之间的物体时，为了确保正确照明，可略微向下倾斜闪光灯。握住相机，向下转动闪光灯。转动角度为8°。

（2）距离小于0.7 m进行拍照时，闪光灯无法完全覆盖拍摄主体，图像底部较暗。

（3）可使用离机闪光的方式。

14．恢复到默认设置的方法

将MODE和TTL/M按钮同时按住3秒以上，多数闪光功能会恢复为默认设置。自定义设置不会复位。

（三）闪光灯的配光方法

1．单灯的用法

（1）单灯正面闪光法。将闪光灯设在相机的位置上。这种拍照方法的优点是使用方便，闪光距离等于拍摄距离。缺点是光线平淡，使被拍对象缺乏层次和立体感，以及出现前亮后暗的现象。如果被拍对象靠近白墙，还会使其产生浓黑的阴影。因此，当必须用这种方法拍摄时，应尽量让被拍对象离白墙远些，或选择暗背景。

（2）单灯侧面闪光法。将闪光灯设在被拍物左前侧或右前侧高处。这种方法的优点是被拍对象的立体感强，层次较丰富，且投影较低，缺点是容易在被拍物正面的某个部位造成过浓的阴影。这些阴影可以通过改变闪光灯的位置和角度来调节。

（3）单灯反射闪光法。使用闪光灯装置时，若拍摄主体正后方有墙壁，则会在墙壁上生成较强的阴影。将闪光灯朝反光板、白墙或天花板上照射，可透过反射光线照亮拍摄主体。其优点是照射范围大，光线均匀柔和，被拍物层次丰富。这种闪光经过反射，光线往往要受到一定损失。因此，拍摄时，其所需的曝光量应比计算出来的曝光量有所增加。

2．双灯的用法

采用双灯拍照，可以使被拍对象获得比单灯更理想的造型效果。其方法主要有两种：一种方法是将一只灯作为主灯，置于被拍对象的侧前方,另一只灯作为辅灯,置于相机位置;另一种方法是将两只灯分别置于被拍对象的两侧前方,一只离被拍对象近些、高些,作为主灯,另一只离被拍对象远些、低些,作为辅灯。或者通过调节闪光灯功率位准的方法调节闪光强度,控制主灯和辅灯的光比关系。

(四)应用闪光补光方法拍摄逆光照相的技巧

1. 逆光的特征

光线从被摄物体的背后(即对着摄影机镜头)而来即为逆光。逆光拍摄包括全逆光和侧逆光,它的基本特征是:从光位看,全逆光是对着相机,从被摄对象的背面照射过来的光,也称背光;侧逆光是从相机左右135°的后侧面射向被摄对象的光,被摄对象的受光面占1/3,背光面占2/3。从光比看,被摄对象和背景处在暗处或2/3面积在暗处,因此明与暗的光比大,反差强烈。从光效看,逆光环境下非透光物体周围产生耀眼的轮廓光,强烈地勾勒出物体的外形。但是,会造成被摄物体笼罩在强烈的阴影里,造成很大的光比差别。对透明或半透明物体产生透射光;对液体或水面产生闪烁光。

2. 逆光照相常见的问题

首先是相机在逆光环境下进行测光时,会自动降低曝光量,导致被摄主体欠曝,导致照片曝光出现错误。通过增加曝光补偿量或后期处理时人为地调整画面亮度来补救。虽然是一种解决的方法,但是,强行提高画面的曝光量会使背景曝光过度,造成细节的损失,不利于画面层次的表现。另外,也会使画面的噪点增强,使被摄主体的质感和色彩产生一定的失真现象,不利于色彩的还原和表现。镜头中容易出现严重的光晕,耀斑覆盖被摄主体而破坏对形体的表现。

3. 应用闪光补光方法拍摄逆光照相的技巧

逆光照相有两种表现方式。一种是故意让主体曝光不足,形成剪影效果;另一种就是要拍出正常的效果。在这里着重介绍后者。

在拍摄逆光照片时,巧妙地使用闪光灯对拍摄主体进行补光,既能让被拍主体看起来轮廓清晰、色彩明快,又不会让背景严重过曝,同时也能令被摄主体获得充足的曝光。

(1) 取景

因为闪光灯闪光范围的制约,决定了应用闪光补光方法拍摄逆光照相时只宜拍近景,不宜拍远景和特写。远景补光效果很难见效,特写补光效果太强,会造成过曝。闪光范围因不同型号的闪光灯性能会有所差异,就 SONY HVL-F43AM 闪光灯而言,在 1 至 6 m 的范围内会得到理想的补光效果。

(2) 测光

大部分的相机都有以测量整个画面的光平衡进行一般拍摄为测光依据的多区分割测光模式,由于是逆光环境,被拍物体后方的光线通常较强,并且是直摄入镜头,照相机的内侧光系统捕获的光信号很强,在平均计算之后,会产生一组曝光度较低的差数,这也就是逆光照相,常会曝光不足的原因。所以逆光摄影时,测光最好用点测,或者中央重点测光,测量主体的背光面。

4. 配光方法

闪光灯作为自然光条件下的补光用途的话,要注意掌握好光位和闪光灯输出的光照强度。光位采用双灯配光方法,可以获得比单灯更理想的造型效果。在侧逆光的情况下,将一只灯作为主灯,置于被拍对象的侧前方,射向阴影,另一只灯作为辅灯,置于相机位置;在全逆光的情况下,将两只灯分别置于被拍对象的两侧前方,处在照相机左右两边大约 45°的位置射向被拍主体。可以通过距离远近和调节闪光灯功率位准的方法调节闪光强度,确保获得合适的曝光。

5. 光圈、快门的确定

在室外拍摄逆光照,应以阳光为主光源,闪光灯只起辅光作用。闪光灯瞬间发光的短暂性、功率位准的有限性、曝光量受照相机测光系统的控制性对整体曝光影响不大。曝光受光圈以及感光度设定的影响突出，受快门速度影响小。快门速度只要保证处在闪光同步范围内，无论如何变化，只要光圈和感光度设置不变，闪光曝光量是一样的。建议采用光圈优先模式，根据突出主体对景深的要求选择合适的光圈值，快门速度由相机匹配，这样，主体曝光量已被光圈固定而几乎没有变化，闪光灯可照亮物体的背光面并削弱环境的亮度，从而改善画面的质量。

6．注意事项

应用闪光补光，要注意人造光和自然光的统一，早晨和黄昏时分背景的阳光会偏暖而闪光灯输出的光会偏冷。因此可以在闪光灯头上加个柔光罩或者打开闪光灯的内建广角散光板。如果没有柔光罩，用一层纸巾罩住亦可，这样光就可以柔和一些。

由于相机对着强光源，要注意眩光的干扰。应有遮挡措施（用适当的尽可能长的遮光罩或者用具、帽子、纸板等在镜头前遮挡），或略向旁偏移，调整拍摄角度等办法，防止太阳直射镜头，使眩光消失后再按动快门。

（五）夜晚人物拍摄技术

在夜晚拍摄人像一般都要使用闪光灯，才能将人物色彩还原正常，而背景需要长时间曝光，才能将灯光和颜色都显现出来，为了人物和背景有机融合，让整个夜景人像更有韵味，最好使用慢速闪光功能。拍摄步骤如下：

（1）提前选择好场景，最好选择广场、公园、步行街等霓虹灯、街灯、车灯较丰富的地方，这样才会得到梦幻光斑的背景效果。

（2）把相机安装在三脚架上，做好拍摄准备。

（3）先选择光圈优先模式，设定理想的光圈，对环境进行测光，将曝光参数记下，再调整到 M 拍摄模式，将曝光组合设定为测得的数值。

（4）然后打开闪光灯，采用 MANUAL 模式，调节功率位准，可以使用测试功能进行预闪,确定合适的功率位准水平。

(5) 拍摄时,要提醒被拍人物闪光后不要移动,直到快门关闭位置,防止人物移动造成影像模糊。

(六) 静物拍摄技术

静物摄影是指以无生命人为可移动物体为表现对象的摄影。在选材方面非常广阔,工艺品、瓜果、蔬菜、花卉、小饰品等都是被拍摄的素材。可以随心所欲地安排对象,但也并非可以胡乱安排。形成美感的画面和构成画面的色彩、光影、质感、形体、线条等因素密不可分。精心构思,巧妙布局,合理取舍,才有可能将一些很平常的物体拍摄得引人入胜。通过静物摄影的训练,可以培养对物体深入观察的意识和应用摄影技术的能力。

1. 构思

构思的目的是为了拍出打动人心的图片。由于静物的形态多样,材质和色彩不一,要用照相的方式唯美地再现出静物的形态特色、质感特征、色调氛围并不是一件容易的事,需要事先进行构思设计。由于表达目的的不同,静物摄影在表现内容上也就有所侧重。如用于观赏和鉴定,就要注意表现静物的形态和质感;用于宣传,就要注意表现静物的外表特征和实用功能等;用于表达某种意趣,就要注意形象特色、质感对比、画面取舍和色调氛围等因素。同样,在构图、用光以及背景处理上都要根据静物摄影表达目的的不同而有所区别。经缜密构思,接下来对物体的摆放,对色调、静物的布置、背景处理、构图、用光等一系列处理自然会水到渠成,得心应手。

2. 色调

每种物体都有它自己的色彩,当不同的物体安排在一起时,自然存在色彩之间的对比与和谐问题。一副静物摄影图片,要有和谐的色彩,不能杂乱无章,应利用道具的色彩、灯光的布置、背景的取舍去营造唯美的色调。(1) 注意冷暖分明。不论是冷调画面还是暖调画面,各自都应当在画面中占支配地位,愈鲜明愈好。对比色在画面中平分秋色易造成不和谐,必须用中性色加以调和。(2)遵循配色的同一和近似原则进行色彩搭配。对道具进行一定的选配操作,根据色相、明度、纯度这三个要素对道具进行分类,按照色相相近、明度相近或纯度相近的原则进行搭配,整体色调就会得到协调的效果。

3. 静物的布置

不能随随便便地任意将拍摄素材集中堆放,所使用的素材应该符合一个主题,要注意素材间的布局,才能使画面具有独立完整感。应考虑主体和陪体之间在形态、质感、类别、大小、颜色、高低、疏密、数量等方面的搭配是否协调,尝试着使用一些创造性思维来改变各种元素的组合关系,使画面中各种元素处于最佳组合。

4. 背景处理

静物照片的背景可分为两类:一类是有特定的环境,一类是无特定环境。有特定环境的背景是使被摄静物处在一个特定的环境之中,表现出环境特点,使静物摄影产生一种意境,从而丰富了画面的想象空间。大多数静物照片的背景是无特定环境的,这类背景要求简洁。可以选用各种颜色的布或者专业的彩色背景纸、背景布作为背景。还可以将背景纸或布延伸到台面,一直拖放到被摄体的底部,这样拍出来的照片就是无缝背景,简洁性更强。一般情况下,浅色的背景能突出深色的主体,深色的背景能强化浅色的主体;背景色与主体色之间可以形成鲜明的对比,也可以选择和谐舒畅的类似色。光滑背景能衬托表面粗糙的物体,粗糙的背景使光滑的主体分外突出。

5. 静物摄影的构图

(1)构图时必须注意避免画面撑得太满或画面太空,要尽量做到新颖简洁。

(2)将被摄主体安排在黄金分割点,尽量不要把主体或构图重点置于画面中央。不然拍出的面画就会显得呆板。

（3）在拍摄时，要仔细观察，寻找最佳拍摄点、最佳视角，不同静物反映的重点面不一样。只有挖掘出物体相互间的最佳构图关系，拍出的静物照片才会有审美趣味。

（4）组织好物体在画面中的疏密、对比、层次、光影、线条、体块、色彩关系。使无序的物体置于有序之中。使构图具有一定的形式美感。

6．静物摄影的用光

静物拍摄技巧与其他摄影技术相比更讲究布光法，通过布光的设置，让不同颜色、质感的静物主体呈现出最明亮的色彩。静物摄影的造型光多用前侧光、顶光和逆光，而以前侧光最能表现静物的质感，因此在静物摄影中应用最多。

静物种类繁多、质感各异，质感的表现是静物摄影的主要方面，要将其表现出来，除借助于某些道具外，关键在于用光。要表现它们的不同质感需使用不同的光线，例如木器和石料表面都比较粗糙，拍摄时用光角度宜低，多采用侧逆光；金属、瓷器反光强，宜用柔和的前侧光，最好使用面光源，在瓶口转角处保留高光点，在有花纹的地方尽量降低反光；花果、蔬菜质均柔润，充满水分，多用柔和的顶光。此外，拍摄时辅助光不宜过多，因为有一盏灯就有一个影子，画面光影会显得杂乱，应尽可能使用反光板来补足阴影部位的照明，因为反光板不会产生投影。

具体布光，应根据特定拍摄对象的特点，进行针对性的设计。

7．静物摄影的景深处理

静物的拍摄一般距离较近，有时候还会用到微距镜头。因此，受到物距的影像，景深范围相对较窄。如果处理不当，有可能会造成主体模糊的情况。其解决方法是，对静物的主体部位进行对焦，确保主体部位的清晰度，同时注意应用小光圈，以扩大景深清晰范围。

六、实训中的注意事项

（1）请勿连续或快速连续闪光 20 次，以防止照相机和闪光灯部件发热或劣化。如果闪光次数达到快速连闪的次数限制，应停止使用闪光灯部件，使其冷却 10 分钟以上。

（2）请勿将闪光灯部件暴露于过高温度或过高湿度的环境中。

（3）闪光灯使用完毕，应关闭电源开关，取出电池，以免电池漏液污染、腐蚀及损坏机件。

（4）保护灯头镜片，防止其被划伤或磨坏，以保证其闪光指数。

（5）若充电 60 秒指示灯仍不亮时，应更换全部电池。

（6）闪光灯应保存在干燥阴凉处，使用前应充电空闪几次，使功能正常后再使用。

（7）不得随意拆卸闪光灯。

（8）不要直接对着人眼闪光，以防损伤眼睛。

七、实训报告的填写要求

按实训报告的规格填写实训报告，写明实训目的、原理、内容和操作步骤。最后回答思考题。

八、实训作业和思考题

（1）应用闪光补光方法拍摄一张逆光照片。

（2）拍摄一张校园的夜景。

（3）以警用品为拍摄对象，拍摄一组静物照片。

（4）试述无线闪光的操作方法是什么？

（5）逆光照相利用闪光灯的配光方法是什么？

（6）夜晚人像的拍摄步骤有哪些？

实训四　犯罪嫌疑人辨认照相

一、实训目的

（1）明确犯罪嫌疑人辨认照相的概念、要求、作用、原则和内容。

（2）掌握犯罪嫌疑人辨认照相拍照的方法与步骤。

二、实训基础知识

（一）犯罪嫌疑人辨认照相的概念和要求

犯罪嫌疑人辨认照相是以辨认、通缉犯罪嫌疑人和建立违法犯罪人员资料档案为目的，对犯罪嫌疑人进行的专门照相。

犯罪嫌疑人辨认照相的目的是为侦查破案、技术鉴定和诉讼判决提供合格的照片，用以识别、认定犯罪嫌疑人和进行司法登记。所以，犯罪嫌疑人辨认照相的基本要求是清晰、逼真地反映犯罪嫌疑人的面貌特征，不允许随便作修饰。

（二）犯罪嫌疑人辨认照相的作用

（1）对拘留的犯罪嫌疑人进行拍照，是司法登记的一项重要内容。

（2）根据被害人或证人口述的犯罪嫌疑人面貌特征，在已有的资料档案库中，查询相似特征人的照片。

（3）对不愿意透露自己真实身份的犯罪嫌疑人，根据其面貌特征，查对此人是否有前科。

（4）根据已有的犯罪嫌疑人登记资料，为制作通缉令提供照片。

（5）为技术鉴定提供符合检验要求的相貌辨认照片。

(三) 犯罪嫌疑人辨认照相的基本原则

(1) 及时性原则。受理辨认照相任务后应及时开展工作,防止因自然或人为的破坏而造成相貌变形,不易辨认的现象发生。

(2) 真实性原则。无论采用何种拍摄技术,或针对何种拍摄对象,都必须严格按照相应的技术方法进行操作。

(3) 准确性原则。要清晰、真实地反映被拍对象的特征、特点,为辨认和识别提供客观、可靠的依据。

(4) 依法原则。进行犯罪嫌疑人辨认照相时要依法进行,讲究文明操作,遵守监、所规章制度,尊重各民族风俗习惯。

三、实训内容

(1) 了解犯罪嫌疑人辨认照相专用器材。

(2) 正面拍照的方法、步骤。

(3) 侧面拍照的方法、步骤。

(4) 面部特征特写的拍照方法、步骤。

四、实训所需设备和器材

每2人为一组,每5小组为一大组,准备以下设备和器材:

(1) 数码单反相机 SONY A580	1台/小组
(2) 18至200 mm 的变焦镜头	1个/小组
(3) 三脚架	1个/大组
(4) 闪光灯	1个/小组
(5) 胸牌、背幕布、头托	各1个/大组

五、实训方法和步骤

每2人为一组,每5小组为一大组,轮换操作与记录。

(一) 熟悉犯罪嫌疑人辨认照相专用器材

1. 镜头

完成本实训所采用的相机是 SONY DSLR-A580,该款相机的视角比 35 mm 规格的胶卷相机的视角窄。如果安装 50 mm 的镜头,可以获得大约相当于 35 mm 规格胶卷相机的 75 mm 镜头的视角。使用 135 相机拍摄人物时,用 100 mm 左右的长焦镜头可以有效地减少人相畸变,是拍摄人像的最佳焦距。如果以此为标准换算成本机所使用的镜头,相当于 66 mm 左右的焦长。本机所使用的是一款 18 至 200 mm 的变焦镜头,拍照之前,应当将焦距先调整到 66 mm 左右。

2. 背幕

用以标识被拍人的身高和体态,制作时要求选用一张 60 cm×109 cm 中灰色、无反光的平整背景板,用粗线绘图笔画出 50 cm×100 cm 的粗线边框,并以 1 cm 为间距绘成纵横细线;在全宽 50 cm 的正中,即 25 cm 处制作一条有标志的中线,右边框 5 cm 以内留出空白,并标明表示身高的比例厘米尺,上端线为 200 cm。可以购买使用制式版本的背幕如图 4-1 所示,手工绘制不论从标准程度还是美观程度都不如制式版本。在专业辨认照相室,一般固定在墙面。为了实训作业便利,也可以张贴在专用木板上,在拍照时,要保证木板与地面垂直。注意将背幕张贴平正,要求其悬挂高度与实际高度完全一致。

3. 胸牌

在被摄人胸前要求挂胸牌;制作时选用一块 20 cm×30 cm 的木板,均匀涂上无光黑漆,下端标明 1 cm 宽度的黑白比例尺;拍照时把胸牌悬挂在被摄人前胸适当位置上,并用白色笔在胸牌上注明被摄人的姓名和编号等,如图 4-2 所示。

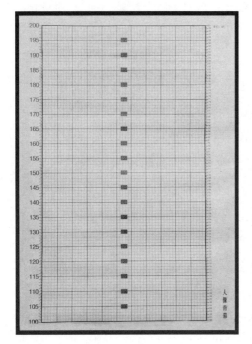

图 4-1 背幕

图 4-2 胸牌

4．头托

垫在被摄人枕骨部与背幕之间，以便持平面部，不仰不俯。泡沫、硬塑料或木板都可以用来制作，规格约 $4\times 6\times 8\,\mathrm{cm}$ 大小，呈矩形。根据人的头型，选用其中适当高度。

5．三脚架

选用牢固、带有活动云台的三脚架作为拍摄依托设备。

（二）正面拍照的方法、步骤

（1）将胸牌悬挂于被拍者胸前，位置应尽量高些，但胸牌上边缘不能遮住被拍者的肩膀，并保持其平正。

（2）正式拍照之前，被拍人应脱帽和取下眼镜，并以立正姿势站在背幕前，要使被摄人鼻梁中线和胸牌中线与背幕中线对齐，肩胛骨贴在背幕上，双肩保持水平，两手自然下垂，头部不得上仰或下俯，面部表情呈正常放松状态,两耳平均露出,两眼平视相机镜头,连接两眼瞳孔的水平线大约与两耳轮的上 1/3 处平齐。

(3) 调整并固定相机。将相机固定在三脚架上,采用竖画幅。使镜头方向正对背幕,让像平面与背幕平面保持平行。根据被拍人身高来调节相机高度,并使镜头主轴与被拍人下唇等高。根据取景范围来确定相机与背幕之间的距离,焦距首先是固定了的(66 mm),只有在调整物距的过程中才能获得最佳的取景范围。数码相机与被摄人的距离大约在 1.3 m 左右。拍摄前,格式化数码相机的存储卡。将数码相机的图像设置为 8.4 M。根据光线情况,调节白平衡。

(4) 取景范围。首先将相机纵横比设为 3∶2,该种比例与冲印规格接近,后期裁剪部分少。使相机取景框的左右两侧边线分别与背幕左右两边边线对齐,取景框上边缘处于被拍者头顶上方 5 至 10 厘米范围内,下边缘处在被拍者胸牌下边缘以下 5 至 10 厘米范围内。当取景范围达不到此要求时,可以选择稍大于此范围的取景。

(5) 配光方法。用闪光灯作摄影光源时,由于其光线太强,光照又较集中,所以应在闪光灯前罩上一层白纱布或柔光片,也可以采用反射闪光的方法,利用均匀柔和的反射光线来增加画面层次,这样可使被拍者的相貌轮廓和各种特征(如斑痣、伤疤、雀斑、麻子等)能清楚地显露出来。如果采用柔光灯,应在被拍者左右两侧各置一个,人像两侧光比适当,防止出现过大阴影。在采用自然光拍摄时,不应让阳光直射面部,而要以较柔和的散射光为宜。

(6) 曝光。拍照时,由于焦距较长,拍摄距离较近,造成景深范围非常有限,只能通过调节光圈大小来影响景深纵深范围。建议使用光圈优先拍摄模式,选用小光圈,一则可以提升画面成像质量,二则扩充了景深范围,快门速度由测光结果自动调整。曝光要以被拍者面部的亮度作为曝光的依据。

(7) 拍照时,提示被摄人不要晃动,以免照片模糊不清。正面照拍摄效果如图 4-3 所示。

图 4-3 正面

图 4-4 侧面

（三）左侧面拍照的方法、步骤

左侧面半身照片应该反映从左侧面所能见到的被拍者的相貌特征。

拍照时，要求被摄人的双肩、躯干的姿势与拍正面照片时一样；头颈向右方旋转 80°，照相机镜头的中心轴对准被摄人的左耳部，注意耳部不要被头发遮掩；画面要充分表现被摄人的前额、鼻、眼、嘴唇的侧面轮廓和左耳的特征；一般要求拍摄左侧面相，必要时也可以拍摄右侧面相，侧面照拍摄效果如图 4-4 所示。

其他内容与正面拍照时的步骤相同。

（四）其他特征特写的拍照方法、步骤

特殊特征如文身、斑痣、伤疤以及残损等，在拍完正面和左侧面之后，必要时进行局部特写的拍照。

（1）取景。将照相机镜头靠近被摄特征，从而结成较大的影像。同时，为了保证其特征不变形，拍照时镜头光轴要尽量垂直于特征处的平面。

（2）可使用手动对焦，更有利于精确对焦。调焦要以特征的主要部位清晰为准。

（3）如果特征与皮肤之间色调反差较小,必要时,还可以在镜头前面加用滤色镜,使其特征更加明显突出。

（4）曝光量根据光线的强弱情况来决定。

此外,对某些残疾的嫌疑人,要拍全身照片；对于男扮女装或女扮男装的嫌疑人,要把男、女装扮情况各拍一张全身照片。

六、实训中的注意事项

（1）格式化数码相机的存储卡。

（2）数码相机的分辨率设置在 8.4 M 左右。

（3）人身辨认照相要求清晰逼真地反映被拍者的面部特征,决不允许艺术加工。

（4）拍照时,以均匀柔和的光线为宜。

（5）被拍者的衣着、姿势和神态表情要自然。

七、实训报告的填写要求

按要求写实训报告,写明实训目的、原理、内容和操作步骤。并将拍摄的正面照片和左侧面照片任选1张贴在实训结果栏,并对拍照结果进行分析。

八、实训作业和思考题

（1）按照犯罪嫌疑人辨认照相的拍照方法模拟拍摄 1 张正面照片。

（2）按照犯罪嫌疑人辨认照相的拍照方法模拟拍摄 1 张左侧面照片。

（3）犯罪嫌疑人辨认照相的目的和作用是什么？

（4）拍摄犯罪嫌疑人的正面照有哪些要求？

实训五 翻拍照相

一、实训目的

明确翻拍原理,掌握翻拍的基本要求、方法和步骤,能够将图文类物证原件应用照相技术复制成高质量的图像。

二、实训基础知识

(一)翻拍照相基础知识

1. 翻拍的概念、内容和要求

翻拍就是对图文类被拍客体进行复制的一种照相技术。它是固定和保全平面类物证的一种手段。翻拍的对象主要是在现场勘查、搜查和检验鉴定等过程中发现、提取的与案件有关或具有证据意义的文件、单据、信件、书报、照片、有价证券、图标、契约、指印、字迹等平面客体和图像。翻拍图像力求准确地将原件的所有特点表现出来,翻拍所得的照片应当光照均匀、反差适中、层次丰富、清晰逼真。

2. 翻拍前的准备工作

(1)首先确定翻拍范围,了解翻拍的具体内容或部位,明确翻拍的重点。根据被拍对象的大小、形态,确定画面横竖与放置方法。

(2)除了翻拍原始状态外,必要时要对原件进行整复处理,如对原件的卷曲、折皱进行熨压,对撕碎的原件进行拼整等。但在整复处理时不能损坏原件及其特征。

(3)选好适当的衬底。衬底的颜色应与原件的颜色形成一定的反差或密度差;衬底的大小应根据翻拍对象的大小,以满足画面需要为宜。对于双面书写或印制的原件,可衬以与背面字迹颜色相近的衬底,以减少背面字迹对正面字迹的干扰。

(4) 要选择适当的比例尺。为了准确地反映原件及特征的大小,必须放置比例尺。比例尺的大小和颜色要与原件相适应。

3. 翻拍的布光方法

室内翻拍配光:在翻拍台上翻拍,应选用散射光源,左右两侧对称配光,两侧的灯光强度、照射角度、照射距离要一致,灯光照射方向应与镜头光轴成45°角左右。从取景器观察时,被摄物表面不得有反光。

室外翻拍用光:室外翻拍多数情况下使用散射自然光,有时也使用闪光灯。在阳光下翻拍,当光照角度不适应时,可用调整衬底板角度改变光照角度,并可根据不同客体,选用适当的反光板或柔光纸等,使照射在翻拍客体上的光线均匀、柔和、无反光。当阳光较强时,可将被拍客体置于阴影下翻拍。

(二) 1100型脱影翻拍仪的使用

1100型脱影翻拍仪是开展脱影照相和翻拍照相的专用仪器,该仪器可以对检材进行定位和提供标准光源,为拍摄物证提供方便。主要由升降立柱、载物台、灯架、相机平台、脱影灯箱等几部分组成。相机平台采用升降自锁装置,只要捏住相机平台的把手,就可以直接升降照相机,以适应不同的拍照距离和不同的空间尺寸。平台也可以前后伸缩,以调整拍照视场。载物台的四角各配有1只软管灯架,可方便地调节光照角度,除了可安装普通的灯管外,还可以安装紫外线灯管,方便紫外线照相,如图5-1所示。

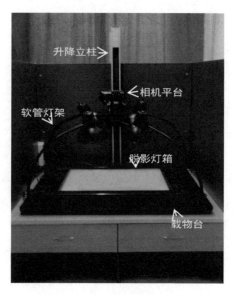

图 5-1　1100 型脱影翻拍仪

三、实训内容

（1）消色原件的翻拍。

（2）彩色原件的翻拍。

四、实训所需设备和器材

每 2 人为一组，准备以下设备和器材：

（1）数码单反相机 SONY A580	1 台/组
（2）翻拍仪	1 台/组
（3）透明玻璃板	1 块/组
（4）黑、白比例尺	2 条/组
（5）翻拍原件	若干份/组

五、实训方法和步骤

每 2 人为一组，轮换操作与记录。

(一) 消色原件的翻拍

消色是相对于彩色而言的，指黑、白、灰的色调。这类原件的特点就是只有灰度关系，没有色彩出现。

1. 翻拍前的准备工作

拍照前，将有卷曲、褶皱、折痕等情况的原件放在双层平板玻璃之间或书本里压平整；破碎或撕裂的原件，应细心地拼接完整；对于与翻拍内容无关的污垢和灰尘要尽可能清除干净。

衬底材料可用纸张或厚布，衬底颜色应与原件拉开反差，通常是黑白两色，原件是浅色的，可用黑色衬底，原件是深色的，可用白色衬底，衬底的面积应该比原件略大一些，以反映原件的全貌及边缘特征。

2. 安装相机

将相机机身下方的三脚架安装孔与云台上的螺丝对接牢固，通常安装后相机处于横向水平状态。注意镜头光轴要垂直于载物台平面。

3. 放置被摄原件，加放比例尺

将被摄原件放在照相机镜头下方区域，根据被摄原件形态特点选用比例尺，如果拍摄横向原件时，比例尺应置于被摄原件下方；如果拍摄纵向原件时，比例尺应置于被摄原件的右侧。进行黑白摄影时，如被摄原件为深色调，选用黑色衬底白色条格比例尺；如被摄原件为浅色调，用白色衬底黑色条格比例尺。被摄原件超过 10 cm 时，为保证照片按比例准确还原，要求拍摄时使用的比例尺不短于 10 cm。

4. 布光

要求光照均匀。将载物台左右两边的灯光各打开一盏，以相同的距离和 45°角对称照射被拍原件。灯距远近由被拍原件的面积大小来决定，原件面积大，灯距亦大；反之亦小。从照相机取景器内观察光照是否均匀。如果光照不均匀，则应重新调整光源的角度和距离，直到均匀为止。

5．设置相机

启用 2 秒自拍功能,设置影像尺寸 8.4M,影像纵横比 3∶2。选择多区分割式测光模式,白平衡设置为日光灯型,感光度设为 100,创意风格设置为黑白。选择光圈优先的拍摄模式,设置光圈数值为 11（光圈数值不宜太小）,快门速度由相机内测光系统自动匹配。

6．取景构图

根据照相机的安装方向和被摄原件的形态、大小及拍照要求调整相机的高度和被摄原件放置的方向和位置。首先调节该款相机焦距为 80 至 200 mm 之间（80 mm 相当于 135 相机 120 mm 的焦距效果,利用长焦镜头可有效防止影像畸变,同时也需要充分考虑景深、视场角等关联因素对画面的影响）。确定焦距之后根据被摄原件在视场范围的大小比例调整平台高度,同时调整原件位置,使被拍客体居中于视场,并尽量占画面的五分之四,以充分利用画面的有效面积。调整好之后,将平台固定在该高度。固定相机拍摄可防止抖动模糊。

7．对焦

采用手动对焦,在进行翻拍照相时,通常物距较近,景深较短,手动对焦有助于精确对焦。另外被拍原件是平面类客体,手动对焦可以获得最佳对焦点。

8．曝光

用测得的曝光值进行曝光,如图 5-2 所示。

（二）彩色原件的翻拍

彩色原件是指原件包含各种色彩元素。这类原件的特点是色彩多样,色调不一,色料丰富。

（1）翻拍前的准备工作

对原件整复处理的方法同消色原件的翻拍。

图 5-2　指纹的翻拍

如果是单面原件,可以在原件下方衬一张白纸或一块白布,能增加原件纸质的洁白程度,有助于获得更好的反差效果。如果原件双面都有内容且纸张较薄,必要时可衬以与背面色调相近的衬底,以减少背面色彩对正面的干扰。

(2) 安装相机到翻拍架的平台同消色原件的翻拍

(3) 加放比例尺

当进行彩色摄影时,除可选黑白比例尺外,还可以选用各种彩色相间的比例尺。其他标准同消色原件的翻拍。

(4) 布光同消色原件的翻拍

(5) 相机设置

拍摄彩色原件时,要将创意风格调成生动,其他设置不变。

(6) 取景构图同消色原件的翻拍

(7) 对焦同消色原件的翻拍

(8) 曝光同消色原件的翻拍

如图 5-3 所示。

图 5-3　彩色原件的翻拍

六、实训中的注意事项

（1）格式化数码相机的存储卡。

（2）拍照时，可用纸条写上自己的学号和姓名放在画面的右下角位置。

（3）确保相机镜头光轴垂直于原件平面中心。

（4）注意被翻拍材料的平整。

（5）防止物体表面的反光射入镜头。如用玻璃压盖原件进行翻拍而产生反光或其他一些物体投影落在玻璃上，影响影像的清晰度，可加用偏振镜进行翻拍。

（6）一般情况下，翻拍物距较近、景深较短，最好采用 F11 以上的小光圈，以保证影像清晰。

七、实训报告的填写要求

（1）认真填写实训报告，写明实训目的、原理、设备、器材、翻拍的具体方法和步骤，并附上照片。

（2）对实训结果进行分析。

八、实训作业和思考题

(1) 拍摄一张捺印指纹。

(2) 拍摄一张彩色照片。

(3) 为什么在翻拍时要用小光圈?

(4) 翻拍双面印刷字迹应衬何种衬底?

(5) 如何使翻拍原件表面光照均匀?

实训六 脱影照相

一、实训目的

明确脱影照相原理,熟悉脱影照相适用的对象和常用的基本方法及步骤。

二、实训基础知识

(一)脱影照相的基础知识

1. 脱影照相的概念和原理

通过配光技术消除被摄客体周边阴影的照相技术,称为脱影照相。

有一定体积的物体在受到光照时,在其背面或侧面都会产生阴影,这种阴影往往会模糊物体的外围轮廓和特征,给辨认和鉴定带来一定的困难。物体投影的深浅是由光线的强弱来决定的,光线越强,投影越深;光线越弱,投影越浅。被摄物体投影的形状和大小,取决于光源照射的位置、物体与投影面之间的角度、距离和表面形态。

通过配光可以消除或减弱由于光照而产生的阴影。如采用散射的柔和光线照射被摄对象,能使物体的投影不明显。从物体底部照射被摄对象,可消除投影。同时采用多个光源照射被摄对象可使物体的投影相互抵消。或者使物体投影落在图像范围之外。

2. 脱影照相的质量要求

(1)脱影照相的衬底应该颜色均匀,不允许一边衬底深、一边衬底浅。

(2)为保持物体轮廓完整、不变形,不允许采用修底、染色的方法脱影。

（3）对用于鉴定的物证进行脱影拍摄时必须遵循比例照相的原则。

（4）脱影拍摄物体的配光，应按照左右两侧相等光量、相等距离、相等角度的原则进行。对一些表面上具有不同立体特征的物体，可以一侧配以较强主光，另一侧配以较弱辅助光，以显示其立体特征。调配光源角度光比时应细心观察物体特征，既能充分显示其细部特征又能消除边沿投影。

（5）为突出显示物体特征，可根据需要加适当颜色的滤光镜。

（二）脱影设备的介绍

脱影照相常用设备有脱影灯箱、环形灯、各色衬底等。

脱影灯箱是将乳白、磨砂灯泡或日光管安装在灯箱内四周，箱底用白色衬底或黑色衬底，箱盖为透明或乳白玻璃，灯箱四周配照明光源。灯光打开时，底光可消除被摄物体周边阴影。一般情况，脱影灯箱正面照射在被摄体上的光强应略强于底光，如图6-1所示。

图 6-1　用"脱影灯箱"脱影

环形灯有环形闪光灯和普通环形灯两种。使用环形灯进行脱影照相时,将环形灯套在相机镜头上,既是脱影光源又是物体的照明光源,可以获得均匀的光照来消除或减弱被摄体产生的阴影。

三、实训内容

(1)用脱影灯箱对钳子进行脱影照相。

(2)散射自然光脱影。

四、实训所需设备和器材

每2人为一组,准备以下设备和器材:

(1)数码单反相机 SONY A580　　　　　　　　　　1台/组

(2)翻拍脱影仪　　　　　　　　　　　　　　　　1台/组

(3)脱影原件　　　　　　　　　　　　　　　　若干份/组

(4)黑、白比例尺　　　　　　　　　　　　　　各1条/组

五、实训方法和步骤

每2人为一组,轮换操作与记录。

(一)用脱影灯箱对钳子进行脱影照相

(1)安装相机到翻拍架的云台,使镜头垂直于脱影灯箱。

(2)设置相机。确定影像尺寸16 M,影像纵横比3∶2,测光模式为多区分割测光。自动对焦,选择光圈优先拍摄模式,设置光圈数值为11。感光度设为100,白平衡设置为自动白平衡。

(3)构图。将焦距调到80 mm,通过取景器观察视场范围,将钳子放在视场中心,同时,调节云台高度,尽量使钳子纵长约占画面横长的4/5。选用长于10厘米黑底白刻度比例尺1条,放在下方。要求比例尺与钳子中轴平行。

(4)布光。打开脱影灯箱四周的照明灯,调整两边的灯光距离,

从照相机取景器内观察,看见的反光点越少越好,尤其注意,防止钳身表面产生反光区。

(5) 打开脱影灯箱的底灯。

(6) 曝光。以 A 模式测得的曝光参数为基准,切换到 M 模式,设置为该参数。半按快门,进行对焦,当对焦清晰后,即可按动快门拍摄第一张照片。光圈不变,将快门速度放慢一级,再拍第二张照片,采用此种梯级式曝光法,连拍五张,可供选择,有助于拍出曝光度准确的图像,如图 6-2 所示。

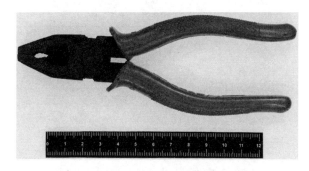

图 6-2　使用脱影灯箱脱影照相效果图

使用脱影灯箱进行的脱影照相宜采用系列曝光法,在曝光准确的基础上,有意过曝,可以产生突出主体的效果。与翻拍照相比较,翻拍照相要有意欠曝,图文字迹的细节效果才会表现得更充分。

(二) 散射自然光脱影

(1) 选择室外散光环境,如大楼的背光区域,如图 6-3 所示。

(2) 根据被摄对象的颜色选择适当的衬底,若是深色的物体,将其放在浅色衬底上;若是浅色物体,则放在深色衬底上。

(3) 根据被拍物的形态在其下方或右侧放置比例尺,且应处于同一平面。

(4) 将相机安装在三脚架上,焦距调到 80 mm,调整相机方向和高度,满足构图要求。使镜头垂直于地面。

图 6-3 室外散光环境

（5）设置相机。确定影像尺寸 16 M，影响纵横比 3∶2，测光模式为多区分割测光。选择光圈优先拍摄模式，设置光圈数值为 11。感光度设为 200，白平衡设置为自动白平衡。自动对焦模式。

（6）为了消除被拍对象尚有的较淡的投影，最好在靠近投影的一定距离处放置反光屏或辅助光，这样可以把散射自然光形成的投影减淡甚至消除。

（7）曝光。以 A 模式测得的曝光参数为基准，切换到 M 模式，设置为该参数。半按快门，进行对焦，当对焦清晰后，即可按动快门拍摄第一张照片。光圈不变，将快门速度放慢一级，再拍第二张照片，采用此种梯级式曝光法，连拍五张，可供选择。在曝光准确的基础上，有意过曝，可以产生突出主体的效果，如图 6-4 所示。

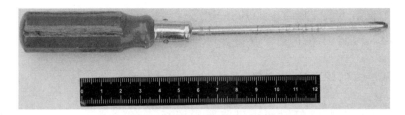

图 6-4　室外散光环境脱影照相效果图

因为被拍客体的形态多样,大小各异。对不同的脱影对象其拍照方法应有所不同,技术核心就是要制造无影环境,还原白色光,消除阴影干扰,通过精确对焦,清晰地反映被拍物的质感和形体特征,使画面看上去简洁明了,主体突出,信息明确,只有这样才能为检验鉴定或者辨认创造有利条件。

六、实训中的注意事项

(1) 格式化数码相机的存储卡。

(2) 拍照时,可用纸条写上自己的学号和姓名放在画面的右下角位置。

(3) 确保相机镜头光轴垂直于载物台平面。

(4) 对被摄对象的配光,除了按照左右两侧相等光亮、相等距离、相同的角度进行配光外,还要注意不同被摄对象表面的特点,配以主辅灯光,以显示其特征。

(5) 衬底的运用要恰当。

(6) 对于金属物品的脱影,同时要注意其表面的反光。

(7) 为了突出地显示被摄对象,必要时加以适当颜色的滤光镜。

(8) 一般情况下,脱影物距较近、景深较短,最好采用 F11 以上的小光圈,以保证影像清晰。

七、实训报告的填写要求

(1) 认真填写实训报告,写明实训目的、原理、设备、器材、脱影的具体方法和步骤,并附上照片。

(2) 对实训结果进行分析。

八、实训作业和思考题

(1) 用脱影灯箱对钳子进行脱影照相。

(2) 用散射自然光对螺丝刀进行脱影照相。

(3) 脱影的对象和目的是什么?

(4) 能产生散射柔和光的地方有哪些?

实训七 现场常见痕迹照相

一、实训目的

熟悉现场常见痕迹照相的基本方法及步骤。

二、实训基础知识

现场各种承痕体的材质、色泽、加工条件的不同,以及遗留在这些客体上痕迹的性质和条件的不同,会造成各种反差。根据光线对各种物质、色泽具有不同的吸收、通过、反射和透射的能力,可用照相的方法拍摄出痕迹和承痕体二者的反差,使痕迹特征清楚地反映出来。

三、实训内容

(一)普通物体上手印的拍摄方法

(二)特殊物体上手印的拍摄方法

(1)透明玻璃上单面手印的拍摄

(2)透明玻璃上两面重叠手印的拍摄

(3)圆柱体上手印的拍摄

(4)球面体上手印的拍摄

(三)现场足迹的拍摄

(1)平面足迹的拍摄

(2)立体足迹的拍摄

(3)成趟足迹的拍摄

四、实训所需设备和器材

每 2 人为一组,准备以下设备和器材:

(1) 数码单反相机 SONY A580　　　　　　　　　　　1 台/组

(2) 三脚架　　　　　　　　　　　　　　　　　　　1 个/组

(3) 透明、黑、白、彩色、L 型比例尺　　　　　　　各 1 条/组

(4) 电子闪光灯　　　　　　　　　　　　　　　　　1 只/组

(5) 小型聚光灯　　　　　　　　　　　　　　　　　2 只/组

(6) 宽幅足迹搜索灯　　　　　　　　　　　　　　　1 只/组

(7) 现场勘查灯　　　　　　　　　　　　　　　　　1 只/组

(8) 多波段光源　　　　　　　　　　　　　　　　　1 套/组

(9) 紫外观察照相系统　　　　　　　　　　　　　　4 组 1 套

(10) 台钳及各种拍摄客体　　　　　　　　　　　　　若干

五、实训方法和步骤

每 2 人为一组,轮换操作与记录。

(一) 普通物体上手印的拍摄方法

(1) 安装相机到三脚架,使镜头垂直于手印所在客体平面。

(2) 放置比例尺。

(3) 配光。平面手印采用侧光(45°左右),立体手印采用小于 20°侧光,并避免光线照射方向与手印多数纹线相平行,亦即使得光线照射方向与手印多数纹线接近垂直。

(4) 设置相机。确定影像尺寸 8 M,影像纵横比 3∶2,测光模式为多区分割测光。自动对焦,选择光圈优先拍摄模式,设置光圈数值为 8 或以上。感光度设为 100,白平衡设置为自动白平衡。

(5) 构图。将焦距调到 80 mm,通过取景器观察视场范围,将手印置于视场中心,同时,调节三脚架高度,尽量使手印纵长约占画面

横长的 2/3。

(6) 曝光。以 A 模式测得的曝光参数为基准，切换到 M 模式，设置为该参数。半按快门，进行对焦，当对焦清晰后，即可按动快门拍摄第一张照片。光圈不变，将快门速度放慢一级，再拍第二张照片，采用此种梯级式曝光法，连拍五张，可供选择，有助于拍出曝光度准确的图像，如图 7-1 所示。

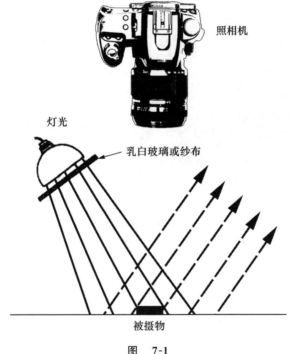

图 7-1

立体手印要求大景深，选择光圈系数一般要大于 8。

(二) 特殊物体上手印的拍摄方法

1. 透明玻璃上单面手印的拍摄

(1) 先仔细观察平面玻璃，确认背面没有重叠指印后应用布将背面擦干净。

(2) 将玻璃移至暗室用台钳固定，隔一段距离用黑布做衬景。

(3) 将相机调至微距功能,并固定在三脚架上。

(4) 用聚光灯从玻璃背面一侧配光。

(5) 在指印一侧放置比例尺。

(6) 调整光照角度,取景拍摄,如图 7-2。

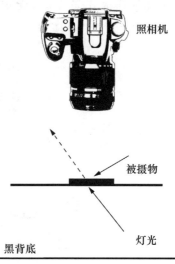

图 7-2

2. 透明玻璃上两面重叠手印的拍摄

利用紫外线无法穿透玻璃,用紫外照相观察系统拍摄玻璃双面手印,具体操作方法见实训八使用紫外观察照相系统拍摄手印。

3. 圆柱体上手印的拍摄

(1) 安装相机到三脚架,使镜头垂直于手印所在客体平面。

(2) 放置比例尺。

(3) 配光。

有色手印采用小于 30°侧光,柱形体或凹槽的一端正对光源,亦即光线照射方向与客体柱形或凹槽相平行,这样既能使得光照均匀,又能最大限度地避免反光光斑,如图 7-3。

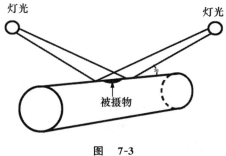

图 7-3

无色手印如未经显现染色处理,直接进行拍照很难避免反光光斑。为把它拍照下来并最大限度地避免反光光斑,其光源照射方向与有色手印相同,但光线照射角度应当采用大于70°侧光,并移动客体进行观察比较,选择反光光斑最小,光照最均匀,即最为理想的角度进行拍照,如图7-4。

(4)相机设置同"五、实训方法和步骤(一)普通物体上手印的拍摄方法(4)设置相机"。

(5)构图及曝光同"五、实训方法和步骤(一)普通物体上手印的拍摄方法(5)及(6)"。将焦距调到80 mm,通过取景器观察视场范围,将手印置于视场中心,同时,调节三脚架高度,尽量使手印纵长约占画面横长的2/3。

4.球面体上手印的拍摄

球面体上手印的拍摄步骤与圆柱体上手印的拍摄步骤相同,具体拍摄要注意光源的配置。

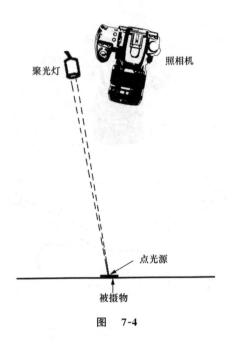

图 7-4

大形球面上的手印,可以只用一个光源,其照射角度不宜太大,以能较为均匀地照射到手印的全部为好,如图7-5。

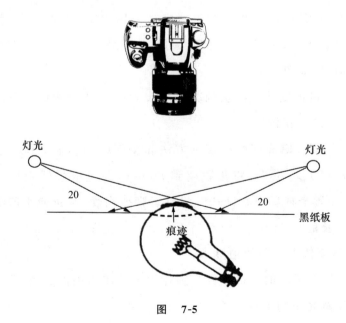

图 7-5

小形球体上的手印,则需要有数个光源(光)进行配光才行,如图 7-6。

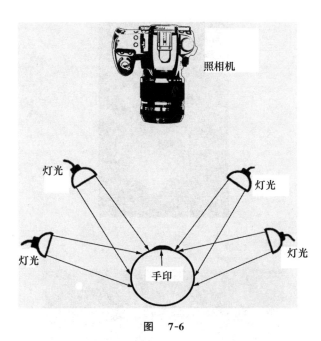

图 7-6

(三) 现场足迹的拍摄

1. 平面足迹的拍摄

足迹拍摄的要求是清晰、完整不变形。操作步骤如下:

(1) 放置比例尺。

(2) 保持相机镜头与足迹垂直。

(3) 取景范围适中,以足迹周边特征完整为原则。

(4) 调整光照角度,使足迹特征清晰层次感强又不失真。

(5) 调焦拍照,如图 7-7。

2. 立体足迹的拍摄

(1) 放置比例尺。

(2) 保持相机镜头与足迹垂直。

(3) 取景范围适中,以足迹周边特征完整为原则。

(4) 调整光照角度,打斜光照明。

(5) 调焦、大景深拍摄拍照,如图 7-8。

图 7-7

图 7-8

3. 成趟足迹的拍摄

(1) 在成趟足迹一侧按比例放置贯通画面的皮卷尺。

(2) 用数字或标记将足迹按顺序标好。

(3) 拍照时所有镜头物距必须相等。

(4) 拍摄的画面控制条件应基本一致(手动曝光模式)。

(5) 相邻画面要重叠,重叠区应占每个画面的 1/4 至 1/5,如图 7-9。

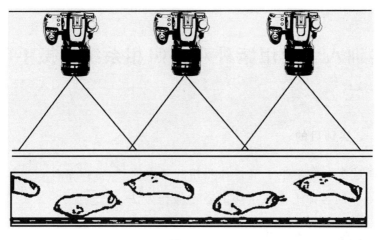

图 7-9

六、实训中的注意事项

（1）格式化数码相机的存储卡。

（2）确保相机镜头光轴垂直于痕迹所在平面。

（3）拍摄成趟足迹时不要将无关的物品摄入画面。

（4）一般情况下，拍摄立体痕迹及球面上手印，为达到足够的景深、保证影像清晰，最好采用 F8 以上的小光圈。

七、实训报告的填写要求

（1）认真填写实训报告，写明实训目的、原理、设备、器材、拍摄的具体方法和步骤，并附上照片。

（2）对实训结果进行分析。

八、实训作业和思考题

（1）为什么很多痕迹物证要在暗室中拍摄？

（2）说明配光在拍摄痕迹物证中的重要性。

实训八　使用紫外观察照相系统拍摄手印

一、实训目的

通过实训使学生了解紫外照相的基本原理,掌握紫外观察照相系统拍摄不同客体上潜在手印的基本操作方法。

二、实训基础知识

紫外线(ultraviolet)指电磁波谱中介于可见光与 X 射线之间的光辐射,波长范围是 1 至 400 nm。

紫外线照相(ultraviolet photography)指记录被拍客体在紫外光波段内成像状况的专门照相。

三、实训内容

(1) 了解紫外观察照相系统 LatentMaster UV VIEMER。

(2) 玻璃双面手印拍照的方法、步骤。

(3) 彩色照片、彩色广告页、镜面、菜刀等客体上手印拍照的方法、步骤。

四、实训所需设备和器材

每 10 人为一组,准备以下设备和器材:

(1) 紫外观察照相系统　　　　　　　　　　　　　　　1 套/组

(2) 玻璃　　　　　　　　　　　　　　　　　　　　　1 块/组

(3) 台钳　　　　　　　　　　　　　　　　　　　　　1 个/组

(4) 彩色照片、彩色广告页、镜面、菜刀　　　　　　　1 套/小组

五、实训方法和步骤

每 10 人为一组,轮换操作与记录。

(一) 熟悉紫外观察照相系统基本操作方法

(1) 将紫外观察仪固定在三脚架上。

(2) 紫外灯连接到 12V 的电源上。

(3) 戴好 UV 护目镜,并打开 254 nm 紫外灯开关。

(4) 打开观察枪电源开关后再打开增强器电源开关,调整观察目镜。在紫外灯开启的状态下,将镜头对准(玻璃、彩色照片、彩色广告页、镜面、菜刀等客体上)目标手印(见图 8-1),调节 78 mm 紫外镜头直到通过观察枪目镜看清目标手印为止。

图 8-1　拍摄玻璃上的双面手印

(5) 紫外观察仪的镜头光轴要垂直于被观察物体表面。

(6) 紫外观察仪的镜头与被观察物面的距离保持在 30 cm 以内,镜头光圈调至 F=3.8,调整物距以调整影像清晰程度。

(7) 找到显现效果最佳位置后,用柔性支架(万向臂)将紫外灯固定,仔细微调至目镜内手印呈最佳状态。

(8) 旋下观察目镜眼罩,将与紫外观察系统匹配的数码相机(索尼 NEX-5)对接在紫外观察系统的目镜上(通过照相机的目镜或液晶显示屏就可以看到手印了)。

(9) 关闭数码相机的闪光灯。

(10) 将数码相机设置为微距手动拍摄。

(11) 调节数码相机变焦至手印最佳状态进行拍摄(见图 8-2)。

图 8-2　玻璃上的双面手印拍摄效果

(12) 关闭紫外灯电源开关,首先关闭增强器电源,再关掉观察仪电源开关。最后松开电池开关。

(13) 将仪器回收装箱存放。

(二) 搜索寻找手印的技巧

(1) 在大范围查找指纹前,首先在确定嫌疑人不会接触形成手印或其他物证的地方,自己留下一枚手印,通过紫外观察系统进行观察,将仪器调整至最佳状态,并按此状态观察搜寻现场手印。

(2) 紫外观察仪一定要尽量与手印表面垂直。

(3) 先在远距离观察寻找,发现手印后逐渐缩短观察仪与被观察物体之间的距离,同时调整镜头调焦环及紫外灯的照射角度,直至手印纹线呈最佳状态。

(4) 如果自然光线过强时,可在紫外镜头前多加一个 254 nm 的滤光镜,以消除来自太阳光和其他光源的干扰。

六、实训中的注意事项

（1）使用紫外观察照相系统一定要先戴上 UV 护目镜，穿长袖服装才能开机工作。

（2）不能拆下紫外观察仪的滤光片或镜头。

（3）在三脚架上安装紫外观察仪时，一定要牢固稳妥安装，防止摔坏仪器。

（4）在将数码相机安装在紫外观察仪的目镜上时要注意不要触碰目镜及目镜调节环。

（5）在进行数码照相过程中不要随意调节目镜和镜头焦距。

（6）拍照时要关闭闪光灯。

（7）拍摄手印时应一次多拍几张，并通过相机的回看功能及时检查照片质量。

（8）要注意不能用紫外灯长时间照射客体表面，以免可能破坏物证。

七、实训报告的填写要求

按要求写实训报告，写明实训目的、原理、内容和操作步骤，并将拍摄的玻璃、彩色照片、彩色广告页、镜面、菜刀等客体上手印照片各选1张贴在实训结果栏，并对拍照结果进行分析。

八、实训作业和思考题

（1）练习紫外观察系统拍摄手印的操作方法，谈谈使用的心得体会。

（2）完成实训报告。

实训九 模拟室内盗窃案件现场照相

一、实训目的

熟悉我国《公共安全行业标准 GA/T117-2005 现场照相、录像要求规则》的内容，通过对模拟室内盗窃案件现场的拍摄练习，明确现场拍照的要求，掌握现场拍照的方法。具有独立完成室内盗窃案件现场拍照的能力。

二、实训基础知识

现场照相是指将案件、事件发生的场所和与案件、事件有关的痕迹、物品，用照相的方法客观、准确、全面、系统地固定、记录的专门手段。

现场照相是现场勘验过程中记录、固定现场的一种手段。通过该种手段，可以迅速及时、真实客观、全面系统地再现现场状况。一套完整而合乎要求的现场照片，能够清晰反映案件发生地点，案件性质，作案过程，犯罪手段，侵害对象，造成的后果，痕迹、物证所在部位与特征等。因此，现场照相无论在研究案情、技术检验方面，还是提供诉讼证据方面，都具有重要意义。

（一）现场拍摄的一般原则

（1）制订拍摄计划，按计划及时、全面、客观、准确地完成现场拍摄。

（2）现场拍摄应遵守勘验规范程序，服从同一指挥，与其他技术勘验工作协调配合进行。

（3）现场拍摄的画面应主题明确、主体突出。对所有场景、细目进行全面、细致的拍摄。

（4）拍摄重要物证时应请见证人过目。要先拍摄其所在位置和原始状况，需要先提取后拍摄的物证，物品提取时应办理手续。所提取的物品均应妥善包装、保管，避免损坏、丢失。拍摄后及时送还。

（5）当现场物证、物品所在的环境不利于拍摄其轮廓、形态特征时，可先拍摄其原始状况，经痕迹物证显现处理后可放置在适当的背景、光线条件下拍摄。

（二）现场拍摄的实施步骤

1．了解案情

了解案件发生、发现时间、地点和经过，现场原始状况、变动情况及保护措施，出入现场的人员及原因。

2．拍摄固定

巡视现场的同时或详细勘验开始之前，应迅速准确地对现场概貌状况进行拍摄固定。

3．制定拍摄计划

构思拍摄表达方法，确定拍摄的内容、重点，画面组合联系及拍摄顺序等。多人承担拍摄任务时应共同研究制定拍摄计划并具体分工。拍摄顺序应遵循的原则：

（1）先拍概貌，后拍中心、细目。

（2）先拍原始状况，后拍移动和显现后情况。

（3）先拍易破坏消失的，后拍不易破坏消失的。

（4）先拍地表面，后拍其他部分。

（5）先拍急需拍摄内容，后拍可以缓拍的内容。

（6）先拍容易拍摄的内容，后拍较难拍摄的内容。

（7）现场方位的拍摄可根据情况灵活安排。

4．查漏补缺

（三）现场拍摄的方法及要点

现场拍摄要根据所能选择的拍摄点，拍摄的环境、对象，拍摄要求等具体情况的差异,应用合适的拍摄方法。

1. 单向拍照法

单向拍照法,是指从单一方向对被拍物进行拍照的方法,如图 9-1 所示。

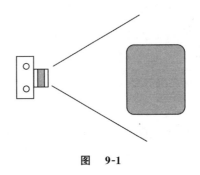

图 9-1

单向拍照法的要点:

(1)根据被拍对象的特点、拍照目的和反映的内容与范围选择最佳拍摄点。

(2)注意精确对焦,使主体成像清晰;同时注意应用好景深,使整个画面中的景物都处在景深范围之内。

(3)现场照相的内容都适用此方法。

2. 相向拍摄法

相向拍摄法是指以相对的两个方向、相等的距离对被拍物进行拍照的方法,如图 9-2 所示。

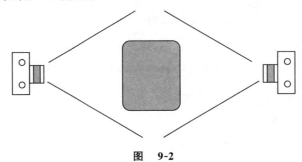

图 9-2

相向拍摄法的要点:

(1) 使拍摄目标处在两个拍照点连线的中点,充分展现被拍物的特点及周围物品。如果拍摄对象是尸体,切忌从头到脚或从脚到头去拍摄。

(2) 两张图像的影调要尽量一致,如果遇到逆光出现反光现象,可更换拍照点避开或在相机镜头上加偏光镜、遮光罩等来消除;逆光时应增加曝光以保证所拍摄的画面影调一致。

(3) 编排时应以上下或左右形式编排在一起,以方便对照,并给予恰当的文字说明。

(4) 除细目照相外其他现场照相的内容都适用此方法。

3. 多向拍摄法

多向拍摄法是指从几个不同的方向,以相等的距离对被拍物进行拍照的方法,如图 9-3、9-4 所示。

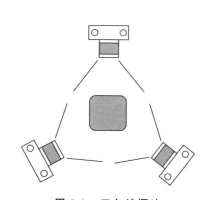

图 9-3　三向拍摄法

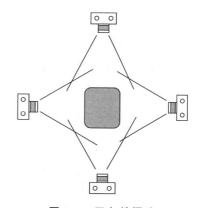

图 9-4　四向拍摄法

多向拍摄法的要点:

(1) 根据被拍对象和现场环境的特点,计划好拍照点的数量和位置。

(2) 每个拍照点与被拍物中心点距离应基本一致。以确保被拍对象影像大小比例一致。几张照片组合起来,能够全方位地反映被拍对象的全面状况。

（3）对于同一个现场，所拍摄的画面控制条件应基本一致，邻近编排在一起，并予以恰当的文字说明。

（4）除细目照相外其他现场照相的内容都适用此方法。

4．直线连续拍照法

直线连续拍照法是指相机焦平面和被拍物平面平行、等距，沿着被拍物直线移动并将其分段连续拍照成若干画面的拍照方法，如图9-5所示。

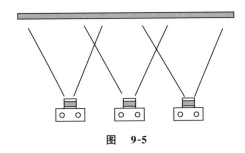

图 9-5

直线连续拍照法的要点：

（1）照相机镜头的视角不能大于55°；拍照时所有镜头物距必须相等，同时要求照相机镜头光轴垂直于被拍物面。

（2）应当采用三脚架固定相机拍照。

（3）用作检验的照片，必须进行比例照相。

（4）确定所拍摄的画面拼接线时，应避开现场重点物品和痕迹物证的主要特征。相邻画面要重叠，重叠区应占每个画面的1/4至1/5。

（5）对于同一个现场，所拍摄的画面控制条件应基本一致。

（6）现场照相的内容都适用此方法。

5．回转连续拍照法

回转连续拍照法是指固定拍照机位、水平或垂直方向转动镜头，将被拍客体分段连续拍照成若干画面的拍照方法，如图9-6所示。

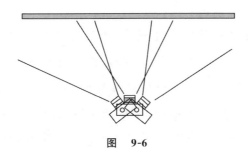

图 9-6

回转连续拍照法的要点:

(1) 照相机镜头的视场角不能大于55°。

(2) 应当采用具有旋转功能的三脚架固定相机拍照。

(3) 拍照点应选在能看到现场全貌并正对现场中心的位置,取景构图应把主要被拍对象安排在画面的结构中心或前景醒目的位置上。

(4) 确定所拍摄画面的拼接线时,应避开现场重点物品;相邻画面要重叠,重叠区应占每个画面的 1/4 至 1/5。

(5) 拍照前要确定焦距和光圈,拍照过程不再调整变化,并且利用调焦技术,以便获得最大的景深。

(6) 对于同一个现场,所拍摄的画面控制条件应基本一致。

(7) 适合拍摄现场方位照相和现场概貌照相。

6. 测量拍照法

测量拍照法是指将带有标准刻度的比例尺与被拍物一同拍入画面,根据比例尺可以测量出原物及其特征大小的拍照方法。

测量拍照法的要点遵循《中华人民共和国国家标准 GB/T 23865-2009 比例照相规则》的规定。

(四) 现场拍摄的内容及要点

1. 现场方位照相

现场方位照相是以整个现场和现场周围环境为拍摄对象,反映现场所处的位置及其与周围事物关系的专门照相。

现场方位照相拍摄要点：

（1）拍摄时宜采用远景，使现场处在画面的视觉中心，尽量显示出现场与周围环境的关系，以及一些永久的特殊标志。

（2）现场方位应尽量用单幅画面反映为宜。受拍照距离和镜头视场限制时，可采用回转连续拍照法或直线连续拍照法拍照。

（3）拍摄现场方位主要使用自然光。除必须外，现场方位照相可在白天补拍。

2．概貌照相

概貌照相是以整个现场或现场中心地段为拍摄内容，反映现场的全貌以及现场内各部分关系的专门照相。

现场概貌拍摄要点：

（1）照相取景构图时，应把现场中心或重点部位置于画面的显要位置。尽量避免重要场景、物证互相遮挡、重叠。

（2）现场概貌照相一般应采用相向拍照法、多向拍照法进行拍照。运用相向拍照法、多向拍照法拍照时，拍照距离、镜头仰俯角度、用光要保持一致。

（3）室外现场概貌照相主要用自然光；在逆光条件下拍摄时镜头前应加遮光罩，并给主要部位补光；室内现场光照不均或亮度不足时，应使用闪光灯或灯光照明。需要闪光灯或其他灯光照明时应尽量用反射光照明，直射光照明时应注意配光角度。

3．重点部位照相

重点部位照相是以记录现场上重要部位或地段的状况、特点以及与犯罪有关痕迹、物品与所在部位为重点的专门照相。

现场重点部位拍摄要点：

（1）现场拍摄重点部位时，应以清楚反映现场重点部位的状况、特点及其与周围痕迹物证的关系为重点，确定拍摄距离和角度。

（2）现场重点部位照相的用光与现场概貌照相相同。

4. 现场细目照相

现场细目照相是记录现场上所发现的与案件、事件有关的细小局部状况和各种痕迹、物品,以反映其形状、大小、特征等的专门照相。

现场细目拍摄要点:

(1) 拍摄现场细目要认真取景构图,合理利用画面。被摄主体应占画面的 1/3 以上,如物体太小时可使用近摄装置进行拍摄。

(2) 拍照用于检验鉴定的细目照片应做到物面与焦平面平行,或光轴与物面垂直。如不能垂直,应加方框比例尺以便后期处理制作。

(3) 拍摄痕迹、损伤时,要反映出痕迹、损伤的形态、特征与所在位置。

(4) 现场同类型痕迹、物证较多时应当编号,并将编码摄入画面。

(5) 凡是反映痕迹、物证形态与特征的照片,必须进行测量摄影。拍照时应遵循《中华人民共和国国家标准 GB/T 23865-2009 比例照相规则》的规定。

(6) 现场细目照相、录像的用光,应根据被摄对象的形体、表面形态、颜色和所要反映的主题内容等,合理选择光源种类、光强度和光照角度。

三、实训内容

设计一个室内盗窃案件现场,针对设计好的模拟现场,依照现场照相顺序,运用现场照相的方法,遵照现场照相的要求,完成现场方位照相、概貌照相、重点部位照相以及细目照相的拍摄。

四、实训所需设备和器材

每 2 人为一组,准备下列设备和器材:

(1) 数码单反相机 SONY A580　　　　　　　　　　　1台/组

(2) 三脚架　　　　　　　　　　　　　　　　　　1个/组

(3) 透明、黑、白、彩色、L型比例尺　　　　　　 各1条/组

(4) 电子闪光灯　　　　　　　　　　　　　　　　1只/组

(5) 小型聚光灯　　　　　　　　　　　　　　　　2只/组

(6) 宽幅足迹搜索灯　　　　　　　　　　　　　　1只/组

(7) 红、黄、蓝、绿各色滤光镜　　　　　　　　　1套/组

(8) 根据实际需要配备作案工具等物　　　　　　　若干

五、实训方法和步骤

(一) 准备工作

1. 准备案例

准备案例，有针对性地进行实训。可将学生宿舍布置成模拟盗窃案件现场。在教师指导下，参照真实案例，模拟情景，统一布置，分组实训。

2. 准备拍摄器材

进入现场之前要准备齐全常规的摄影器材和辅助的勘验工具。包括相机、闪光灯、滤色镜、黑白比例尺、三脚架、L型比例尺、卷尺、宽幅足迹勘查灯、指纹显现工具等。对所配备的设备器材进行认真检查，确保设备完备有效，能随时投入现场使用。

3. 构思拍摄计划

抵达模拟盗窃现场后，首先向实训辅导教师了解现场内的情况。哪些地方是原始现场，哪些地方是变动过的，现场内丢失了何物，位于何处，哪些人进出过现场，接触过哪些物品等。然后，根据模拟现场的情况，制订出初步的拍照计划。如拍照的范围、拍照的内容、拍照的顺序、拍照位置、拍照方法以及整个现场大致应拍摄多少张照片，照片之间的层次关系等。

(二) 拍照顺序

1. 一般先拍照概貌

可在宿舍门口用照相机的广角端向内拍摄。如果室内光线较暗，可以打开室内照明灯和使用闪光灯，以获得必要的曝光量。如果一张概貌不能反映现场的全貌，可以用相向拍照法在另一个方向再拍一张概貌，两张概貌照片就基本能反映宿舍的现场全貌。

2. 重点照相

室内盗窃现场重点照相拍摄的内容主要是中心现场的状况以及各痕迹、物证的位置、状况、形态和相互关系。如现场的进出口状况和被破坏障碍物上遗留痕迹所在的位置；被盗财物存放、管理处所的状况；触摸、翻动、钻、锯、撬、砸等留下的痕迹所在位置及周围状况；作案工具的遗留地点；勘验发现犯罪嫌疑人遗留的指纹和足迹的位置。一般室内的光线较差，可打开室内照明灯作为光源。如果光线不充足，还可以用勘查灯补充照明，或使用闪光灯。

3. 细目照相

盗窃案件的细目照相主要记录现场所发现的与案件有关的细小局部状况和各种痕迹、物品。如遗留的作案工具、勘验时发现的指纹、现场的足迹、被破坏的物品等。细目照相一般要遵循比例照相的规则，加放匹配的比例尺。一般不用闪光灯，当光线不足时，可使用现场勘查灯等照明灯具。一些痕迹、物证如果在现场拍照的效果不佳，可移动到条件较好的环境下进行拍照，如作案工具可进行脱影照相。物品上的指纹可进行加强反差照相。

4. 方位照相

在较远的地方或邻近大楼上对学生宿舍楼进行方位拍照，可获得较宽的取景范围。使现场处于画面的中心位置，尽量显示出现场与周围环境的关系，最好将一些永久性的特殊标志安排在画面里。

六、实训中的注意事项

（1）在实训过程中，要注意协助。依次轮流拍照，应尽量避免将其他同学拍入画面。

（2）爱护器材设备，实训完成之后，整理齐全，及时归还。

（3）遵守纪律，听从指挥，不随意更改现场物品摆放，将模拟现场视为实战现场，认真拍好每一幅照片。

（4）现场照片拍摄完成之后，及时让实训指导教师检查，查漏补缺，对指出的问题及时纠正。

（5）将现场照片复制备份，为案卷制作做准备。

（6）数码相机的影像尺寸设为8 M左右。

七、实训报告的填写要求

按要求填写好实训报告，写明实训目的、原理、设备、器材、内容和拍摄计划。

八、实训作业和思考题

（1）拍摄一套模拟室内盗窃案件现场的照片。

（2）现场照相的内容有哪些，相互间有何区别？

（3）现场照相常用的技术方法有哪些？

（4）现场拍摄的顺序应遵循什么原则？

实训十 凶杀案件现场照相

一、实训目的

了解中华人民共和国公共安全行业标准 GA/T117-2005《现场照相、录像要求规则》的内容，通过对模拟凶杀案件现场的拍摄，学会运用现场拍摄的方法，明确现场拍照的要求，掌握现场拍照的内容。具有独立完成凶杀案件现场拍照的能力。

二、实训基础知识

现场照相基础知识同实训八之二。

三、实训内容

设计一个室内凶杀案件现场，针对设计好的模拟现场，依照现场照相顺序，运用现场照相的方法，遵照现场照相的要求，完成现场方位照相、概貌照相、重点部位照相以及细目照相的拍摄。

四、实训所需设备和器材

每 5 人为一组，准备下列设备和器材：

(1) 数码单反相机 SONY A580　　　　　　　　1 台/组
(2) 三脚架　　　　　　　　　　　　　　　　1 个/组
(3) 透明、L 型、黑、白、彩色比例尺　　　　1 条/组
(4) 电子闪光灯　　　　　　　　　　　　　　1 只/组
(5) 根据实际需要配备人体模型、凶器等物　　4 套
(6) 红、黄、蓝、绿各色滤光镜　　　　　　　1 套/组

五、实训方法和步骤

（一）准备工作

1. 准备案例

准备案例,有针对性地进行实训。命案现场在学校模拟实训场地布置。在教师指导下,参照真实案例,模拟情景,统一布置,分组实训。

2. 准备拍摄器材

进入现场之前要准备齐全常规的摄影器材和辅助的勘验工具。包括相机、闪光灯、滤色镜、黑白比例尺、三脚架、L型比例尺、卷尺、宽幅足迹勘查灯、指纹显现工具等。对所配备的设备器材,进行认真检查,确保设备完备有效,能随时投入现场使用。

3. 准备拍摄计划

抵达模拟现场后,首先向实训辅导教师了解现场内的情况。根据命案现场特点的不同,确定命案现场拍摄所需要表现的内容、重点。构思画面的主从关系,以及主要画面的拍摄角度、范围和画面的组合联系。从而拍出一套全面、客观、准确、简练的现场照片。

（二）拍照顺序

1. 一般先拍照概貌

对于室内命案现场,复杂结构的房间概貌拍摄,不只反映各个房间的整体状况及其特点,还要反映清楚套间的结构关系,应把现场中心或重点部位置于画面的显要位置。一般采用相向拍照法和多向拍照法,注意拍照距离、镜头俯仰角度、用光要保持一致。如果室内光线较暗,可以打开室内照明灯和使用闪光灯,以获得必要的曝光量。

2. 重点照相

命案重点照相拍摄的内容主要是:尸体的位置和姿态;反抗、搏斗、行凶、移尸的部位;与犯罪有关的痕迹、凶器、衣物等所在的部位以及它们之间的相互关系；血迹的颜色、形态、位置及分布。一般室内的光线较差，可打开室内照明灯作为光源。如果光线不充足，还可以用勘查灯补充照明，或使用闪光灯。尽量用反射光照明，直射光照明时注意配光角度。

3．细目照相

凶杀案件的细目照相主要是记录现场所发现的与案件有关的细小局部状况和各种痕迹、物品。如死者身上的伤痕、现场上的血迹形态、枕头上的血迹、拖鞋、脚底、杀人凶器等。细目照相一般要遵循比例照相的规则，加放匹配的比例尺。一般不用闪光灯，当光线不足时，可使用现场勘查灯等照明灯具。一些痕迹、物证如果在现场拍照的效果不佳，可移动到条件较好的环境下进行拍照，如作案工具可进行脱影照相。物品上的指纹可进行加强反差照相。

4．方位照相

在较远的地方或邻近大楼上对现场进行方位拍照，可获得较宽的取景范围。使现场处于画面的中心位置，尽量显示出现场与周围环境的关系，最好将一些永久性的特殊标志安排在画面里。

六、实训中的注意事项

（1）在实训过程中，要注意协助。依次轮流拍照，应尽量避免将其他同学拍入画面。

（2）爱护器材设备，实训完成之后，整理齐全，及时归还。

（3）遵守纪律，听从指挥，不随意更改现场物品摆放，将模拟现场视为实战现场，认真拍好每一幅照片。

（4）现场照片拍摄完成之后，及时让实训指导教师检查，查漏补缺，对指出的问题及时纠正。

（5）将现场照片复制备份，为案卷制作做准备。

（6）数码相机的影像尺寸设为 8 M 左右。

七、实训报告的填写要求

按要求填写好实训报告,写明实训目的、原理、内容和操作步骤。

八、实训作业和思考题

(1) 拍摄一套模拟凶杀案件现场的照片。
(2) 命案现场的重点照相主要有哪些?
(3) 命案现场的细目照相主要有哪些?

实训十一　现场照片编排制卷系统操作练习

一、实训目的

了解德为现场照片编排制卷系统的界面构造。掌握照片调整工具、编辑工具的使用方法,掌握案卷制作的操作流程。具有熟练操作该软件的能力。

二、实训基础知识

现场照片卷是现场勘察卷的附卷之一,在现场勘验过程中,记录、固定现场的主要手段有现场笔录、现场绘图和现场照相,它们各具特点、相辅相成,共同组成一套完整的现场勘验法律文书。现场照片卷的制作必须遵照中华人民共和国公共安全行业标准GA/T118-2005《刑事照相制卷质量要求》所规定的内容执行。

《德为现场照片编排制卷系统》是国内开发的一套协助基层照相专业公安干警制作照片案卷的工具软件。它根据现场照片卷的制作流程设计而成。功能简单,易学易会,图片编辑方法灵活,处理工具实用,编排模式规范,打印功能强大,简化了工作过程,规范了案卷文本的制作,保证了工作质量,提高了工作效率。是一款非常实用的现场照片编排制卷软件。

三、实训内容

(1)认识界面。
(2)调入照片的方法。

(3)处理照片的方法。

(4)文字输入命令。

(5)标引线和符号、代号命令。

(6)封皮模板。

(7)保存

(8)打印

四、实训所需设备和器材

每2人为一组,准备下列设备和器材:

(1)台式电脑   1台/人

(2)U盘   1个/组

五、实训方法和步骤

(一)认识界面

《德为现场照片编排制卷系统》可运行于Windows XP操作系统中,本系统采用纯中文界面。界面可概括为六个部分,分别为标题栏、菜单栏、工具栏、资源树、图库和工作区,如图11-1所示。

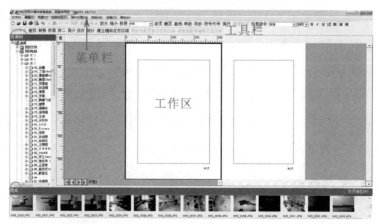

图 11-1

1. 标题栏

显示当前版本和打开的文件名称。

2. 菜单栏

包括【文件】【编辑】【视图】【版面设定】【照片处理】【排版】【成卷】【帮助】八个部分,包含了该软件的所有命令。每个菜单中都有若干命令,灰色表示未被激活,如图 11-2 所示。

图 11-2

3. 工具栏

工具栏包括【常用】【视图】【排版】【文字说明】【其他】【手动划线】六个部分。每一个部分都包含若干常用工具命令。可以通过菜单栏【视图】>【工具栏】命令选择开启或者关闭在工具栏中的显示,如图 11-3 所示。

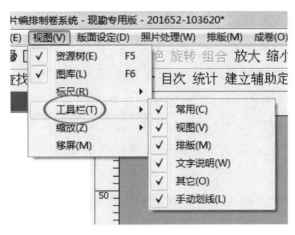

图 11-3

4. 工作区

工作区中显示的是空白照片卷。根据实际情况通过菜单栏【版面设定】>【添页】>【添加分卷】和【添加折页】命令添加分卷数量或页面数量,也可以通过菜单栏【版面设定】>【删除折页】和【删除分卷】命令删除分卷数量或页面数量。或者通过工具栏便捷的【添页】和【删页】按钮完成添删页的操作。单一分卷中最多包含7张折页。当存在多个分卷时,在工作区下方分类列表中会有相应标签,点击可以查看到照片卷的内容,双击可以重命名。工具栏中的【视图显示窗】可以调节页面在视图中的显示比例,当页面太大无法全部显示时,可以通过工作区右下角的滑块对页面进行移动,也可以通过工具栏中的【移屏】工具将页面自由移动。还可以通过【放大】【缩小】工具将页面逐级扩大或逐级缩小,如图11-4所示。图文区的虚线为参考线,便于图像位置的调整,在打印时并不显示,所有的照片和文字都要放在图文区内。

图 11-4

5. 资源树和图库

在界面左侧的【资源树】中将显示计算机中所有的文件夹,并且当数码相机与计算机连接后,也可以在此直接显示出来,选择存放现场照片的文件夹后,在下方的【图库】中将显示该文件夹中照片的缩略图,支持多种文件格式。拖动图库右侧的滑块,可以浏览图库照片,寻找要编排的照片。图库标题栏右侧的预览按钮,当打开预览时,将会在图文区域满屏显示在图库中选中的图片。可以通过【菜单栏】>【视图】命令,开启或关闭资源树和图库在界面中的显示,如图11-5所示。

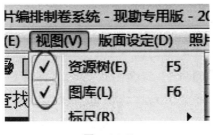

图 11-5

（二）调入照片的方法

1. 方法一

在图库中将选中的图片双击,即可将图片调入到照片卷中进行编排,如果调入照片的尺寸过大,则系统提示并且自动将照片调整到合适大小。点击图片,选中后,图片四角会出现红色小方块,如图11-6所示。再次点击图片,同时按住鼠标左键不放,可以随意移动照片位置。一张图片每双击一次,就会调入一次,可重复调入。

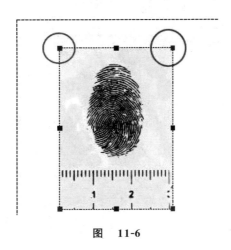

图 11-6

2. 方法二

选中要调入图片的页面,然后执行【菜单栏】>【排版】>【参考线】>【辅助定位】>【建立辅助定位区域】命令,也可以直接在工具栏中选择【建立辅助定位区域】命令,将会出现建立辅助定位区域对话框,如图11-7所示。对话框中有六种模式可供选择,点选一种预设模式,点击【确定】按钮。这时,指定页面将会出现辅助框,点击要插入照片的线框,四角若有辅助点出现,表示已被选中,随后双击图库中选中的照片,照片就会自动被调入指定位置,并自动将照片缩放并裁剪成常用的 127×89 mm。

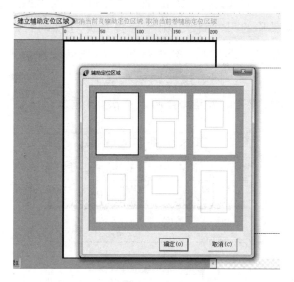

图 11-7

3. 方法三

选择菜单栏【文件】>【快速制卷】命令。在弹出的对话框中可以对分卷数量和折页数量进行设定,完成预设,点击确定,将生成快速制卷模式的空白照片卷,它非常适合简单案件现场照片卷的快速制作。快速制卷主要有以下特点:(1) 标题栏上显示有快速制卷字样;(2) 调入照片自动插入指定位置,每页两张照片,上下排布,照片的规格为 127×89 mm；(3) 在快速制卷模式中，其他功能与传统模式相同；(4) 快速制卷不允许移动照片。

4. 方法四

选择菜单栏【照片处理】>【插入照片】命令，在打开的对话框中选择插入照片的存储位置，找到照片，点击【打开】，照片即被调入至工作区。

（三）处理照片的方法

在调入工作区的图片上双击，可进入处理面板。或者先点选图片，再选择菜单栏【照片处理】>【处理模式】命令，也可以进入处理面板。处理命令包括【调整大小】【亮度】【对比度】【饱和度】【RGB调节】【灰度】和【剪切】，如图 11-8 所示。可以概括为两类，即对照片尺寸的处理和对照片色彩的处理。

图 11-8

【调整大小】命令包括【长宽设定】【比例设定】和【置为原大】三项功能。选择【长宽设定】功能，可以将图片设置为任意大小，但比例不变。应用【置为原大】功能，可以将照片换算为原大。例如已经插入了一张指纹照片，点击【原大】按钮，点击鼠标左键在图片上拖动，可以绘制一条直线，松开鼠标，弹出【输入长度】对话框，在该对话框输入该直线所代表的长度，点击【确定】按钮，即可置为原大。在此基础上,选择【比例设定】,在参数窗中输入放大倍率,按回车键生效,如图 11-9 所示。

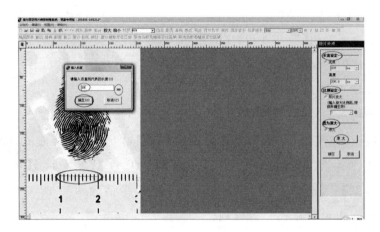

图 11-9

选择【切除】工具,可以看到【矩形切除框】和【圆形切除框】的选项。即可以将照片裁剪为矩形或者圆形。在宽度和高度的参数框中对数值进行调节,可以将图片中切除框大小进行调整,也可以用鼠标点击拖动切除框外边改变切除框大小。点击切除框中心,可以将切除框整体移动。参数框的下拉列表中有标准参数可供选择,可以制作出符合标准的照片尺寸,如图 11-10 所示。

图 11-10

其他命令通过调节参数，根据需要对照片的亮度、对比度、色彩饱和度、RGB分别进行调节。【灰度】可以丢掉颜色，形成黑白照片。

（四）文字输入命令

文字的输入有两种形式，一种是【固定添字】命令，另一种是【任意添字】命令。只有先选择了图片，固定添字命令才会被激活。要应用该命令，在工具栏中直接点击命令按钮即可，如图 11-11 所示。也可以选择菜单栏【排版】>【文字说明】>【添加文字说明】命令启用。【固定添字】命令，使写入的文字和指定照片相关联，可以随着照片的移动而移动；【任意添字】命令，写入的文字可以根据实际情况改变位置。

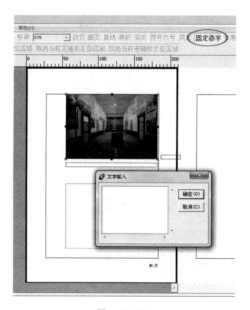

图 11-11

启用【固定添字】命令后，在对应的照片下方会出现输入文字的虚线框，点击该框，弹出文字输入对话框，在对话框中输入文字后，注意观察对话框中的文字，如果下方有虚线，需要再次点击键盘确定键，消除虚线后，再点击对话框上的确定按钮，文字才会被正确输入。

启用【任意添字】命令后，拖动鼠标左键，在屏幕上拖出一个虚线框，这时便弹出文字输入对话框,其他操作相同。

　　文字输入成功后,如果需要调整,单击要调整的文字,出现文字的外框后,利用工具栏中的工具可以直接对文字的属性和格式进行调整。或者利用菜单栏【排版】>【文字说明】>【添加文字说明】中的【文字属性】和【文字格式】命令来完成设置。双击要设置的文字,弹出文字输入对话框,可对文字内容进行修改。

　　(五)标引线和符号、代号命令

　　在标引之前,可以对标引线做一些简单的设置,选择【菜单栏】>【选项】命令,在弹出的选项命令对话框中,设置端线与照片的距离,标引线的颜色,文字是否可以穿越标引线等等,如图 11-12 所示。依

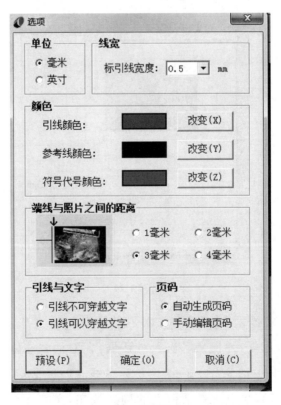

图　11-12

照部颁标准中的规定，系统设计了三种标引方式，分别是直线标引、单折引线标引、双折引线标引。可以在工具栏中直接选择，也可以通过菜单栏【排版】>【标引线】进行选择具体标引方式。如果有标引线穿越照片，符号或其他标引线等不符合标准的操作，则系统会出现相应提示。照片标引后，还可以调整标注点的位置，单击选中标注点后，再次点击拖动到新的位置。

点击工具栏中的【符号代号】按钮或者选择菜单栏【排版】>【符号代号】可以打开已设置好的标准符号代号库，如图11-13所示。选择需要的符号、代号，点击【确定】插入到页面，单击选中该符号、代号后，再次点击拖动到恰当的位置。

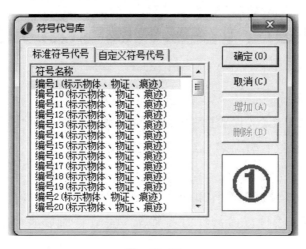

图　11-13

（六）封皮模板

本系统提供了标准的封皮模板，并且已经设置好了封皮文字的字体、字号和位置，用户只需在指定的位置填写相关的信息即可。

点击工具栏中的图标按钮或者选择菜单栏【成卷】>【制作封皮】中的【封面】【封二】【案情简介】【目次按钮】按钮，即可打开。同时在工作区下方分类列表中可以看到相应标签，点击任何一个标签，切换到对应模板,双击模板上的文字,弹出文字输入对话框,即可输入文字,如图 11-14 所示。

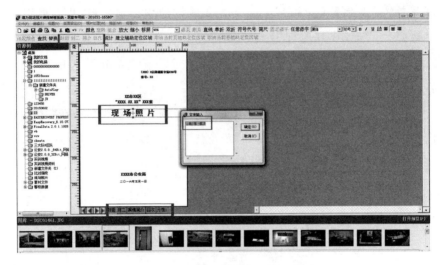

图 11-14

（七）保存

选择菜单栏【文件】>【保存】命令,在弹出的对话框中指定保存的位置,对文件进行重命名,点击【保存】按钮即可。

（八）打印

使用本系统提供的打印功能,可以真实地再现现场照片的原貌。制作照片卷后,可以通过打印预览命令查看打印后的效果。本系统支持各种规格纸张的打印,包括 A4、A3、卷纸和四联卡纸。虽然有的照片被修改过,本系统采用直接调用原始照片的方式进行打印,从而保证照片的质量。

六、实训中的注意事项

（1）用来练习的图片由教师负责通过多媒体教学系统传输给学生。

（2）如计算机出现故障,应及时报告,不得擅自处理。

七、实训报告的填写要求

按要求填写好实训报告,写明实训目的、原理、内容和操作步骤。

八、实训作业和思考题

(1) 现场照片的编辑方法和编辑重点?
(2) 标引的要求有哪些?

实训十二　制作现场照片卷

一、实训目的

应用现场照片编排制卷系统,遵照刑事照相制卷质量标准的规定,具有独立、规范完成案卷制作的能力。

二、实训基础知识

根据中华人民共和国公共安全行业标准 GA/T118-2005《刑事照相制卷质量要求》所规定的内容,将现场照片编排制作成一套系统、完整的,能全面而又重点突出地反映现场实际情况,能客观地揭露犯罪事实的现场照片案卷,为诉讼活动提供重要证据。

现场照相卷由五部分构成,构成顺序依次是:封面、封二、案情简介、目次、正文(照片部分)。

正文部分是照片卷的主体,应包括如下内容:照片,标引,符号、代号,文字说明。

照片内容包括:在现场拍照的,与案件有关的一切场景和细目照片;从现场提取痕迹、物证,经过技术处理后拍照的照片;从电视屏幕拍照的现场录像画面的照片。

照片编排可由传统洗印照片按标准粘贴而成,也可由数码相机拍照通过电脑编排按标准打印而成。

照片质量要求包括:照片上反映主题内容的景物与特征要清晰逼真,并有较大的景深范围;痕迹物证照片比例尺不应变形,按倍数制作的照片比例要准确;除检验鉴定需要增强或降低照片的反差外,黑白照片应反差适中、层次丰富;除检验鉴定需要调整照片的色差外,彩色照片的色彩校正应接近实际颜色，不应有明显的偏色；链接照片衔接部位的放大倍率、密度、反差、影调、色彩应一致。对接线要避开画面重要部位或尸体；照片一律用光面相纸制作。照片要平展、清洁，不应有较明显的划痕、白点、斑渍；照片一律不留白边，也不应裁切花边。

照片规格尺寸包括：照片的几何形状应以横幅矩形为主，竖幅矩形不宜过多。也可配少量方形或圆形，但不宜有棱形、三角形等其他几何形状，更不应只剪留主体而不要背景；照片的长宽比例应在 8:5 左右。必要时，可根据画面主体形状和版面组合要求进行裁剪；照片的尺寸应根据画面内容和组合编排需要决定。

三、实训内容

选择前两次模拟现场照相实训课拍摄的任何一组现场照相的图片进行编排，制成一套完整的案卷。具体包括：

（1）正文的制作

（2）封面的制作

（3）封二的制作

（4）案情简介的制作

（5）目次的制作

（6）打印

（7）装订

四、实训所需设备和器材

每 2 人为一组，准备下列设备和器材：

（1）台式电脑　　　　　　　　　　　　　　　　　　1 台/人

（2）U 盘　　　　　　　　　　　　　　　　　　　　1 个/组

五、实训方法和步骤

《德为现场照片编排制卷系统》提供了标准的封皮模板和照片模板。封皮、封二、案情简介和目次的模板已经设置好了输入文字的字体、字号、间距、行距和位置等,只需输入相关的信息即可。照片模板已经设置好了图文区,调入图片、裁剪图片、添加文字、符号、代号和标引线的方法都很简单。在进行现场照片卷编排的时候,要严格遵循制卷质量要求,可从照片的挑选、组合编排、照片的裁剪、添加标引线、符号、代号和文字说明等方面逐步推进。

(一)正文的制作

1. 挑选照片

将所拍摄的现场照片导入电脑,打开文件夹。编排前,应对照片进行挑选。与案件无关的照片或虽与案件有关,但画面内容不能反映所要表现的主题的照片应剔除。数张照片反映主题内容相同或相近时,应选取其中一张。

2. 编排照片

将挑选的照片进行归类,制订初步的编排计划。以系统连贯、直观简明地表述案件现场整体景况为原则。简单现场一般是按照现场照相的内容进行排列,需标引定位的细目照片,要与方位、概貌和重点部位照片相互呼应,不得在案卷中孤立存在。复杂现场,拍摄内容较多的,可按照片的内容类别分层次编排。现场范围大,涉及处所和细目内容多的,可按发现犯罪的第一现场、第二现场……划分段落,划分层次。以清晰反映案件发生地点,案件性质,作案过程,犯罪手段,侵害对象,造成的后果,痕迹、物证所在部位与特征为主旨。照片的编排要重点突出、层次分明、步步深入、不断展开。

3. 调入照片

打开软件,通过【资源数】找到存放照片的文件夹,选择该文件夹,所有图片随即显示在下方的【图库】里。按照编排计划,依次逐张调入工作区。折页连续数量不超过 7 页,照片数量过多时,分卷编排。

4. 裁剪照片尺寸

将挑选好的照片调入工作区后,依据下面的标准裁剪照片。

(1) 属于主要画面的方位、概貌、重点部位照片和直接反应案件性质的重要细目照片,尺寸应为 127 mm×203 mm(5 英寸×8 英寸)或 89 mm×127 mm(3.5 英寸×5 英寸)左右。

(2) 属于辅助画面的场景、特写照片,尺寸应在 89 mm×127 mm 或 63 mm×89 mm(2.5 英寸×3.5 英寸)左右。

(3) 属于从属画面的痕迹物证照片,应按比例尺放大。指纹放大 3 倍,掌纹放原大,足迹放大 0.5 倍,弹底痕迹放大 4 倍,弹头痕迹放大 10 倍。其他痕迹物证照片的放大倍率,以清晰反映形象和特征为前提,一般应在 63 mm×89 mm 或 89 mm×127 mm 左右。

(4) 连接照片宽度不应小于 89 mm,长度不应大于 305 mm(12 英寸)。

5. 添加标引和符号、代号

(1) 添加标引线和符号、代号的原则

① 凡主画面与若干附属画面组合在同一或相邻版面时,非经标引不能表达主题内容与位置关系的,则应标引,如图 12-1 所示。

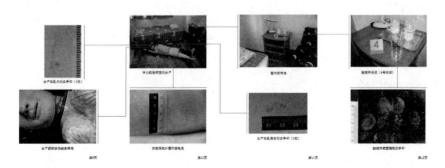

图 12-1

② 为了直接明了地在画面上标示现场、重点部位、细目或痕迹、物证特征的具体位置，以及现场方位、概貌照片的坐标方向，可使用符号、代号。

(2) 添加标引线和符号、代号应注意的要求

① 标引线颜色以红色或黑色为宜，用色种类不应过多。

② 标引线的线段指向要准确，不应离被标引位置太远；不应把线段画在较小的被标引对象上。

③ 符号、代号可以设置为红色、黑色或白色。

④ 符号、代号要清晰醒目，种类不宜繁杂。符号、代号标画的位置要准确。

⑤ 画面需要标注的符号、代号较多，或不宜在画面上直接标注符号、代号时，应用标引线引至画面以外的图文区标注。

6. 添加文字说明

添加文字可以使用固定添字或者任意添字命令，一般添加在照片下方。添加文字应遵循以下规定：

① 照片内容必须用文字表述的，应附注文字说明。

② 经标引或附注图解后仍不能清楚准确说明照片内容时，应附注文字说明。

③ 凡在画面上标注符号、代号的照片，一般应对符号、代号所指内容附注文字说明。

④ 用相向、多向、十字交叉等方法拍摄的多张方位、概貌照片和通过特种光源、技术手段显现拍摄的痕迹物证照片，要对拍摄方法、手段附注简略的文字说明。

⑤ 划分段落层次的照片卷，应在段落层次前附以概括内容的文字标题。

(二) 封面制作的要点

封面的内容应包括：照片卷编号、份号、密级、案卷题名、制作机

关和制成时间。

(1) 案卷编号:如( )表示年份,号是编号。

(2) 份号:写当前的份号。

(3) 密级:一般案件的密级为秘密,重特大案件为机密,涉外、政治、军事案件为绝密。

(4) 案卷题名:应包括案件发生地域,如××市××区。

案件名称:如×××被杀案。案件名称应与现场勘验笔录、现场图的案件名称一致,一般应包括被侵害对象及侵害结果。也可使用有案件代号或案件性质的名称。例如09.77凶杀案。

(5) 案卷内容:现场照片(或检验照片、×××证据照片)。

(6) 制作机关:××市××分局。

(7) 制成时间:大写,不是拍摄时间。

(三) 封二制作的要点

封二的内容应包括:现场地点;案件名称;案件性质;发案时间;拍照时间;拍照人;制卷单位;制卷人;审签人;生效标识域;案卷页数、卷内照片张数、案卷份数。

(1) 现场地名:具体到户。

(2) 案件名称:与封面一致。

(3) 案件性质:杀人案、盗窃案、纵火案、投毒案等。

(4) 发案时间:一般到日,大写。

(5) 拍照时间:一般具体到分,日期大写,时间小写。

(6) 拍照人:×××。

(7) 制卷单位:××市××分局技术大队。

(8) 制卷人:×××。

(9) 审签人:×××(照片卷制成后,要经参与现场勘验的有关专业人员审查)。

(10) 生效标识域:签字盖章的日期,大写(照片卷发出前,要由现场勘验指挥人或本级公安机关刑侦部门负责人签发,并在封二的生效标识域加盖公章)。

(11)案卷页数:本卷共×页(从案情简介算起);本卷照片共×张(必须准确);本卷共×份(必须准确)。

(四)案情简介

案情简介的内容应包括:报案时间,案件发生或发现时间、地点、经过情况及被害人的姓名、职业、住址。案情简介的内容要通俗易懂,文字要简练准确,如图12-2所示。

当现场照片作为现场勘查记录的组成部分制卷时,可省略案情简介。

案情简介:

xxx年x月x日x时x分,xxx市xxx分局技术大队值班室接xxx分局电话报案称:xxx派出所辖区内的xxx小区发生一起命案,请技术大队派员勘查现场。接报案后,技术大队xxx大队长立即率领刑事技术人员六人于x时x分到达现场。

临场后,首先听取了发案情况介绍,报案人:刘某,男,44岁,xx市xx大学英语教师。被害人:王某,女,40岁,系刘某妻子,xx市工商管理局发证科干部。1994年参加工作,工作积极,作风正派,生活俭朴,同事关系较好,无经济纠纷和明显矛盾。刘某称xxxx年x月x日被派去北京参加培训,今天上午八点多坐火车返回家中,到家后发现门虚掩着,推门进屋后发现妻子躺在地面上,身上有血,已死亡。

了解情况之后,在xxx大队长的具体指挥下,对现场进行了实地勘查。

图 12-2

(五)目次

段落层次较多的照片卷应编写目次。

目次的内容应包括各段落层次的标题和所在页码,标题和页码之间用……连接。

例1:第一现场 …………………………………………………… (4)

　　　第二现场 ……………………………………………………… (8)

例2:现场情况 …………………………………………（3）

尸体衣着 ……………………………………………（7）

尸体损伤 ……………………………………………（10）

（六）打印

《德为现场照片编排制卷系统》采用向导式打印,具体操作方法如下（以使用 EPSON Stylus Photo Stylus R1900 Series 打印机为例,其他打印机可以参考设置）：

1．打印卷脊

（1）将"卷脊专用纸"放入打印机的进纸口中。

（2）在软件中用鼠标左键点击工作区下方的【封皮】标签,使得【封皮】为当前分卷。

（3）点击主菜单中的【文件】>【打印】命令。将显示图12-3所示【页面属性】对话框。

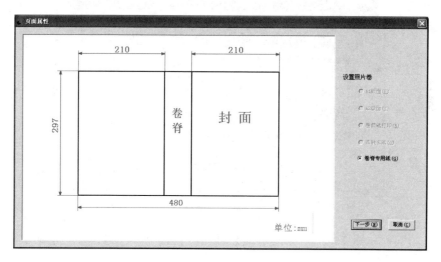

图 12-3

（4）（在【页面属性】对话框中点击【下一步】按钮,将显示图12-4所示【设置打印任务】对话框。

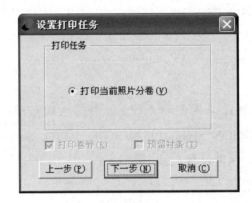

图 12-4

（5）在【设置打印任务】对话框中点击【下一步】按钮,将显示图 12-5 所示提示对话框。该对话框提示:接下来需要在打印机属性中设置纸张来源、纸张尺寸、打印方向。

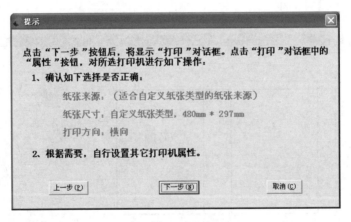

图 12-5

（6）在图 12-5 所示提示对话框中点击【下一步】按钮,将显示图 12-6 所示打印对话框。

（7）确认要使用的打印机:在【名称】域点击右侧的向下箭头,接下来在出现的下拉菜单中选择要使用的打印机（EPSON Stylus Photo Stylus R1900 Series）。

图 12-6

(8) 确认打印机(EPSON Stylus Photo Stylus R1900 Series)后,点击【属性】按钮,将显示图12-7所示窗口。在该窗口中进行以下设置:

图 12-7

① 【打印纸选项】中:

【来源】项设为"单页纸"。

【尺寸】项:首次打印卷脊时选择【用户自定义】,此时将显示图12-8所示【用户自定义打印纸尺寸】对话框。在该对话框中:

【打印纸尺寸】名称设为【卷脊】。

图 12-8

【打印纸宽度】设为2970;【打印纸长度】设为4800;【单位】选择0.01厘米。点击【保存】按钮,将【卷脊】尺寸保存。然后点击【确定】按钮,返回图12-7所示界面。

提示:再次打印卷脊时,在【尺寸】区域直接选择自定义的【卷脊】项即可。

②【方向】中:选择【横向】。

③ 其他设置保持不变即可。点击【确定】按钮返回图12-6所示打印对话框。

(9) 在图12-6所示对话框中点击【确定】按钮,即可开始打印。

2. 使用卷纸打印照片卷正文部分

(1) 将卷纸上到打印机的卷筒纸进纸口。

(2) 在软件中用鼠标左键点击工作区下方要打印分卷的标签,使其成为当前分卷。

(3) 点击主菜单中的【文件】——【打印】命令。将显示图12-9所示【页面属性】对话框。

(4) 在【页面属性】对话框中选择卷筒纸打印后,点击【下一步】按钮,将显示图12-10所示【设置打印任务】对话框。

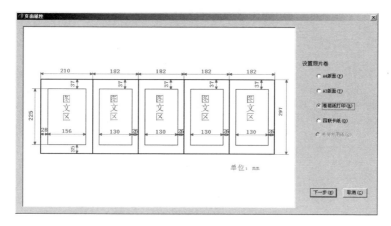

图 12-9

图 12-10

在【设置打印任务】对话框中：

如果打印时需要预留衬条，则用鼠标左键点击【预留衬条】字样，使其左侧的小方块中显示一个【√】。再次点击【预留衬条】字样，其左侧的小方块中的【√】将消失。

选择预留衬条后，打印时将留出衬条的位置。

如果打印时不需要预留衬条，则保持【预留衬条】左侧的小方块为空即可。

（5）确定是否预留衬条后，点击【下一步】按钮，将显示图12-11所示【选择打印机】提示对话框。

图 12-11

在【选择打印机】对话框中:这里列出了常用的卷纸打印机列表,用户的计算机上安装了哪种打印机,则列表中对应型号选项可用;选择打印机型号:例如使用"EPSON Stylus Photo R1900 Series"打印机,则单击鼠标左键选择"EPSON Stylus Photo R1900 Series",使其左侧的圆圈内有一个小黑点。如果用户的计算机上并未安装列表中列出的打印机,那么请选择【其他支持卷纸打印的打印机】。

(6)选择好打印机后,点击【下一步】按钮,将显示图 12-12 所示提示对话框。该对话框提示:接下来需要在打印机属性中设置纸张来源、纸张尺寸、打印方向。

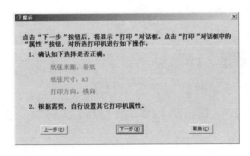

图 12-12

(7)点击图 12-12 提示对话框中的【下一步】按钮,将显示图 12-13 所示【打印】对话框。在该对话框中:确认要使用的打印机;在

【名称】域点击右侧的向下箭头,接下来在出现的下拉菜单中选择要使用的打印机(EPSON Stylus Photo Stylus R1900 Series)。确认打印机(EPSON Stylus Photo Stylus R1900 Series)后,点击【属性】按钮。

图　12-13

(8) 之后,将显示图 12-14 所示窗口,在该窗口中进行以下设置:

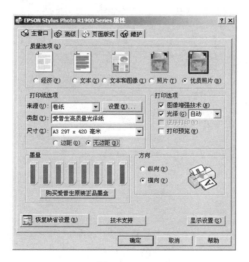

图　12-14

① 【质量选项】:建议选择【优质照片】以得到最好的打印质量。

② 【打印纸选项】中:【来源】项设为【卷纸】。选择【无边距】。【类型】项中,【尺寸】项设为【A3 297×420 毫米】。点击【设置】按钮,在出现的【卷纸选项】对话框(图 12-15)中选择【横幅模式】和【节省卷

纸】。然后点击确定按钮。

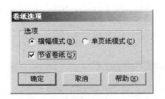

图 12-15

③【打印选项】中:【光泽】项:单击鼠标左键选择【光泽】项,使该项左侧小方框为空,即不选择【光泽】。【方向】中:选择【横向】进行以上设置后,点击【高级】标签,将显示图 12-16 所示界面。在该界面中,单击鼠标左键选择【高速】项,使该项左侧小方框为空,即不选择【高速】。

图 12-16

④ 其他设置保持不变即可。点击【确定】按钮返回图 12-13 所示打印对话框。

(9)点击图 12-13 所示打印对话框中的【确定】按钮,即可开始打印。

3.使用四联卡纸打印照片卷正文部分

(1)将四联卡纸上到打印机的A3纸进纸口。

(2)在软件中用鼠标左键点击工作区下方要打印分卷的标签,使其成为当前分卷。

(3)点击主菜单中的【文件】>【打印】命令。将显示图12-17所示【页面属性】对话框。

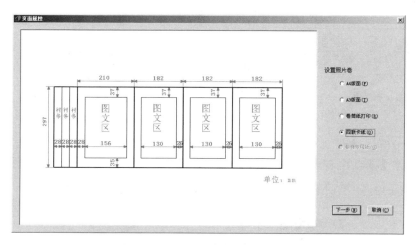

图 12-17

(4)在【页面属性】对话框中选择四联卡纸打印后,点击【下一步】按钮,将显示图12-18所示【设置打印任务】对话框。

图 12-18

(5)在【设置打印任务】对话框中点击【下一步】按钮,将显示图

12-19所示提示对话框,该对话框提示接下来需要在打印机属性中设置纸张来源、纸张尺寸、打印方向。

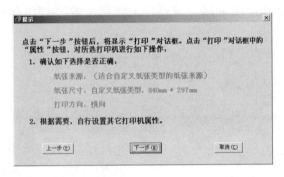

图 12-19

(6)点击图 12-19 提示对话框中的【下一步】按钮,将显示图 12-20 所示【打印】对话框。在该对话框中:确认要使用的打印机:在【名称】域点击右侧的向下箭头,接下来在出现的下拉菜单中选择要使用的打印机(EPSON Stylus Photo Stylus R1900 Series)。

图 12-20

(7)确认打印机(EPSON Stylus Photo Stylus R1900 Series)后,点击【属性】按钮,将显示图 12-21 所示窗口。在该窗口中进行以下设置:

① 质量选项:建议选择【优质照片】以得到最好的打印质量。

②【打印纸选项】中:【来源】项设为【单页纸】;【类型】项:选择

图 12-21

【爱普生高质量光泽纸】。【尺寸】项：首次打印四联卡纸时选择【用户自定义】，此时将显示图 12-22 所示【用户自定义打印纸尺寸】对话框。在该对话框中：【打印纸尺寸名称】设为【四联卡纸】；【打印纸宽度】设为 2970；【打印纸长度】设为 8400；【单位】选择 0.01 厘米点击【保存】按钮，将【四联卡纸】尺寸保存。然后点击【确定】按钮，返回图 12-21 所示界面。

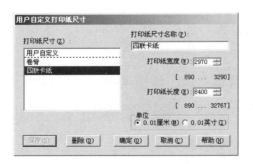

图 12-22

提示：再次打印四联卡纸时，在【尺寸】区域直接选择自定义的【四联卡纸】项即可。

③【方向】中:选择【横向】。

④ 进行以上设置后,点击【高级】标签,将显示图 12-23 所示界面。在该界面中,单击鼠标左键选择【高速】项,使该项左侧小方框为空,即不选择【高速】。其他设置保持不变即可。点击【确定】按钮返回图 12-20 所示打印对话框。

图 12-23

(8)在图 12-20 所示对话框中点击【确定】按钮,即可开始打印。

(七)装订

(1)照片卷应为左装式平订平装本。

(2)分卷应分别装订。

(3)装订时要根据图文区厚度,在订口一侧夹加适当厚度的衬条。装订好的照片卷应牢固、整齐、清洁、平展。

六、实训中的注意事项

(1)现场照片卷制作完成之后,对文件进行保存和重命名,文件名为"学号+姓名",并通过教学系统传送到教师机。

(2)如计算机出现故障,应及时报告,不得擅自处理。

七、实训报告的填写要求

（1）制作案卷时，根据中华人民共和国公共安全行业标准GA/T118-2005《刑事照相制卷质量要求》的规定进行。

（2）按要求填写好实训报告，写明实训目的、原理、内容和操作步骤。实训完毕后交一份完整的"现场照片案卷"并写出实训结果分析。

八、实训作业和思考题

（1）现场照相制卷应注意哪些问题？

（2）现场照相制卷包括哪些内容？

（3）卷宗制作完毕后有何体会？

实训十三　Photoshop 入门及基本操作

一、实训目的

了解 Photoshop 图像处理软件的界面构成和一些基本工具的操作方法。

二、实训基础知识

Photoshop 是美国 Adobe 公司开发的图像设计及处理软件，因其强大的功能备受用户的青睐。它是一个集图像扫描、编辑修改、图像制作、广告创意、图像合成、图像输入输出、网页制作于一体的专业图形处理软件。

Photoshop 是图像处理软件，主要处理位图图像，广泛用于对图片、照片进行效果制作。从功能上看，该软件可分为图像编辑、图像合成、校色调色及特效制作部分等。

图像编辑是图像处理的基础，可以对图像做各种变换和修复。图像合成则是将几幅图像通过图层操作、工具应用合成完整的图像，使合成的图像天衣无缝。校色调色可方便快捷地对图像的颜色进行明暗、色偏的调整和校正，也可将不同颜色进行切换以满足图像在不同领域的应用。特效制作在该软件中主要由滤镜、通道及工具综合应用完成。包括图像的特效创意和特效字的制作。

Photoshop 平面图像处理功能强大，易学易会、操作简单、性能稳定，可以高效低廉地完成实际办案工作，因此是刑事图像处理最为通用的工作软件。

三、实训内容

（1）启动和退出

（2）Photoshop 的工作界面介绍

（3）新建文件、置入文件、打开文件、存储文件的方法

（4）标尺、网格、参考线的设置方法

（5）选取、擦除与填充工具的操作

（6）裁剪工具的操作

（7）更改图像大小、图像分辨率的方法

（8）更改画布大小的方法

（9）绘图与修图工具

（10）文字工具的介绍及操作

（11）旋转画布命令的操作

四、实训所需设备和器材

每 2 人为一组，准备下列设备和器材：

（1）台式电脑　　　　　　　　　　　　　　　　2 台/组

（2）U 盘　　　　　　　　　　　　　　　　　　1 个/组

五、实训方法和步骤

学生在安装有 Photoshop CS3 的多媒体计算机上按照教师的演示完成以下实训操作。

（一）启动和退出

在 windows XP 环境下，直接在桌面上双击 Photoshop 快捷方式图标，即可启动 Photoshop 图像软件。单击屏幕左下角的"开始"菜单，在程序菜单中点取 Photoshop 也可以启动软件。在 Photoshop 图像软件界面内执行菜单【文件】>【退出】操作，即可退出该程序。或点

击标题栏右侧的关闭选项,也可退出该程序。

(二) Photoshop 的工作界面介绍

启动后,就进入 Photoshop CS3 的工作界面了,如图 13-1 所示。界面由以下几部分组成:

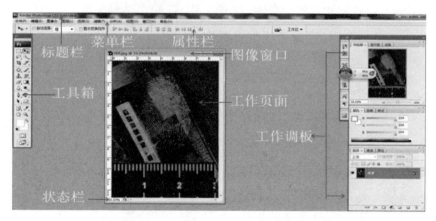

图 13-1

1. 标题栏

位于主窗口顶端,显示当前软件的版本,右边分别是最小化、最大化/还原和关闭按钮。

2. 属性栏

选中某个工具后,属性栏就会改变成相应工具的属性设置选项,可更改相应的选项。

3. 菜单栏

菜单栏为整个环境下所有窗口提供菜单控制,包括文件、编辑、图像、图层、选择、滤镜、视图、窗口和帮助九项。

4. 图像编辑窗口

中间窗口是图像窗口,它是 Photoshop 的主要工作区,用于显示图像文件。图像窗口带有自己的标题栏,提供了打开文件的基本信息,如文件名、缩放比例、颜色模式等。如同时打开两副图像,可通过单击图像窗口进行切换。也可使用 Ctrl+Tab 切换图像窗口。

5．工具箱

工具箱中的工具可用来选择、绘画、编辑以及查看图像。单击可选中工具，属性栏会显示该工具的属性。有些工具的右下角有一个小三角形符号，这表示在工具位置上存在一个工具组，其中包括若干个相关工具。在默认的工作界面中，使用鼠标单击展开按钮，即将单排工具箱展开为双排工具箱。反之，可将双排工具箱展开为单排工具箱。使用鼠标拖拽工具箱顶部位置可以将其移动到工作界面的任何位置。

6．控制面板

控制面板也叫工作调板，是 Photoshop 的重要功能的使用地方，在默认工作界面上通常会有三块打开的控制面板。每一个控制面板都可以用鼠标拖动变换位置和大小。可通过"菜单/窗口"来开启面板，也可以设定为隐藏状态。控制面板的上方有一个指向左边的三角形按钮，按下它就可以展开控制面板。

实例 1——设置"我的工作区"和恢复默认工作区

（1）在默认的工作界面中，使用鼠标单击【工具箱】上方展开按钮，如图 13-2 所示，即将单排工具箱展开为双排工具箱。

图 13-2

（2）关闭控制面板中的"颜色"/"色板"/"样式"调板，如图13-3所示。

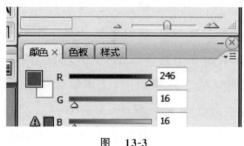

图 13-3

（3）最小化"导航器"和"图层"面板，通过【菜单栏】>【窗口】>【历史记录】打开【历史记录】调板，鼠标左击该调板，拖动至"图层"面板下方。最后，将三个面板都"最大化"，如图13-4所示。

图 13-4

（4）选择菜单栏中的【窗口】>【工作区】>【存储工作区】命令，在弹出的对话框中给新的工作界面命名为"××的工作区"，然后点击【存储】按钮，如图 13-5 所示。

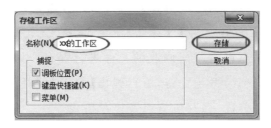

图　13-5

（5）选择菜单栏中的【窗口】>【工作区】>【默认工作区】命令，恢复默认工作界面。

（6）选择菜单栏中的【窗口】>【工作区】>【××的工作区】命令，恢复自订工作界面，如图 13-6 所示。

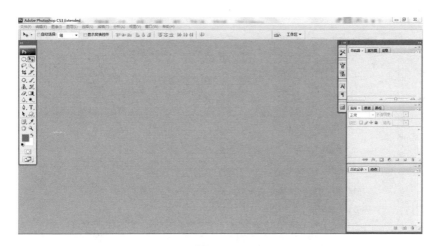

图　13-6

（三）新建文件、置入文件、打开文件、存储文件的方法

选择菜单栏中的【文件】>【新建】命令，或按 Ctrl+N 组合键，打开【新建】对话框。可以对新建文件参数进行设置。

选择菜单栏中的【文件】>【置入】命令，打开【置入】对话框。可以将选择的不同格式的文件作为智能对象置入到当前工作的文件中。

选择菜单栏中的【文件】>【打开】命令，或按 Ctrl＋O 组合键，或在工作区双击鼠标，可以打开【打开】对话框，选择需要处理的图像。

选择菜单栏中的【文件】>【存储】命令，或按 Ctrl＋S 组合键，打开【存储】对话框。可以对当前修改的文件进行保存。如果是已保存的文件，按 Shift＋Ctrl＋S 组合键，就会弹出【存储为】对话框，在对话框中可以设置文件名称、保存位置以及保存格式等。

实例 2——制作截屏图像

（1）将"我的工作区"打开，按屏幕拷贝"PrntScr"键，将整个屏幕内容拷贝在剪贴板内。

（2）选择【菜单栏】>【文件】>【新建】命令，在【新建】对话框中可见【预设】项为"剪贴板"，将【名称】项重命名为"截屏图像＋姓名"，点击【确定】，如图 13-7 所示。

图 13-7

（3）选择【菜单栏】>【编辑】>【粘贴】命令。

（4）选择【菜单栏】>【文件】>【存储】命令，打开【存储】对话框。

选择存储位置为"桌面",文件格式为"JPEG"。点击"保存"。

(四)标尺、网格、参考线的设置方法

选择【视图】>【标尺】命令后,可以在窗口的顶端和左侧显示标尺,拖动左上角的原点到图像中的任意位置可以改变标尺的测量点,双击原点可以恢复标尺测量点。

选择【视图】>【显示】>【网格】命令,可以在图像中隐藏或显示网格。

选择【视图】>【显示】>【参考线】命令,可以在图像中隐藏或显示参考线。

选择菜单栏中的【编辑】>【首选项】>【单位与标尺】命令,可以打开首选项对话框,对标尺与文字的单位进行设置。

选择菜单栏中的【编辑】>【首选项】>【参考线、网格、切片和计数】命令,可以设置参考线和网格的颜色、样式等。

(五)选取、擦除与填充工具的操作

选取工具就是在图片上,把想要进行处理的那一部分画面选择出来。这样一来,就可以对所选部分进行处理,而对其他部分不会产生影响。包括选框工具、拉索工具、魔棒工具等。各种选择工具各具特色。例如:使用魔棒工具通常用来快速创建图像中颜色相同或相近像素的选区。使用魔棒工具在图像某个颜色像素上单击鼠标,系统会自动创建该像素的选区,方便快捷。图所示为【工具箱】中的魔棒工具。图所示为属性栏对应的该工具的选项。

擦除与填充工具,包括橡皮擦工具、油漆桶工具和渐变工具等,可以将目标区域中的色彩替换为指定的色彩。

实例3——为证件照换背景

(1)选择菜单栏中的【文件】>【打开】命令,找到图像素材,将其【打开】,如图13-8所示。

图 13-8

（2）在工具箱中选择一种选取工具，例如使用【魔棒工具】。选择该工具后，确定属性栏【容差】设置为 32，【连续】勾选，如图 13-9 所示。

图 13-9

（3）在属性栏中选择【添加到选区】功能，先在背景白色区域点击，选中后再到右上角黑色区域点击；或者按住 Shift 键，先在背景白色区域点击，选中后再到右上角黑色区域点击。点选的过程，注意观察，不要将人像区域选中。如果选中，选择【菜单栏】》【编辑】》【后退一步】，消除错选内容，如图 13-10 所示。

实训十三　Photoshop 入门及基本操作　165

图　13-10

（4）按 Delete 键将背景内容删除，如图 13-11 所示。

图　13-11

（5）选择【菜单栏】>【选择】>【取消选择】，消除选区，如图13-12所示。

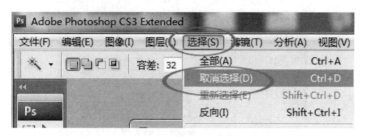

图 13-12

（6）在【工具箱】中选择【橡皮擦工具】将未删干净的残余像素擦除。在属性栏中可以对橡皮擦的大小、形状等属性进行设置，如图13-13所示。

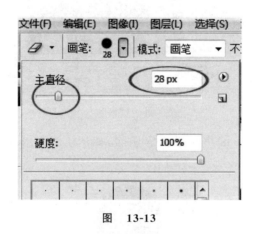

图 13-13

（7）再次选择【魔棒工具】，点击背景，将背景区域完整选中，如图13-14所示。

（8）使用【工具箱】>【设置前景色】，在弹出【拾色器】对话框中设置背景色参数为"R:67,G:142,B:219"。设置完成，点击【确定】，如图13-15所示。

实训十三　Photoshop 入门及基本操作　167

图　13-14

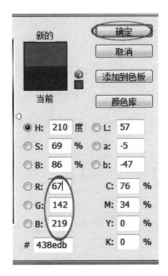

图　13-15

（9）选择一种填充方式，例如选择【菜单栏】>【编辑】>【填充】，在弹出【填充】对话框中选择【内容】>【使用】>【前景色】,选择确定。或者选择【工具箱】>【油漆桶】,然后在选区内点击。之后,选择【菜单栏】>【选择】>【取消选择】,消除选区,效果如图 13-16 所示。

图 13-16

（六）裁剪工具的操作

裁剪工具可以剪贴图像,并可以重新设置图像的大小和分辨率。在图像上选择一点,按住鼠标向对角处拖动,然后松开鼠标,便可创建裁剪选区。拖动选区外框,可以调整选区大小,按回车键可以完成裁剪。

在【工具箱】中选择【裁剪工具】后,属性栏将变成【裁剪工具】对应的选项,如图所示。

宽度、高度:可输入固定的数值,裁切后,直接生成预设尺寸的图像。

分辨率:输入数值确定裁切后图像的分辨率,后面可选择分辨率的单位。

前面的图像:点击可调出前面图像的裁切尺寸。

清除:清除现有的裁切尺寸,以便重新输入。

实例4——用裁切工具对照片进行重新构图。

(1)选择菜单栏中的【文件】>【打开】命令,找到图像素材,将其【打开】,如图13-17所示。

图 13-17    图 13-18

(2)该幅照片的主要问题是主体在画面中的比例太小,通过裁剪突出主体。

(3)在工具箱中选择【裁切工具】。在画面上拖动鼠标,把想保留的部分框出来。

(4)按回车键确定即可,如图13-18所示。

实例5——把照片裁剪为预设尺寸

(1)选择菜单栏中的【文件】>【打开】命令,找到图像素材,将其【打开】,裁剪前的原图尺寸,如图13-19所示。

(2)照片裁剪尺寸标准为1寸,像素为300×420(像素);分辨率为300(像素);头部宽度为14至16 mm,头部长度19至22 mm。电子照片格式为JPG,大小不超过100 KB。

(3)在【菜单栏】>【编辑】>【首选项】>【单位与标尺】>【标尺】选项

图 13-19

中选择"像素",如图 13-20 所示。

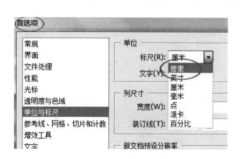

图 13-20

（4）在工具箱中选择【裁切工具】。在属性栏中将【宽度】设为 300 px,【高度】420 px,【分辨率】300,像素/英寸,如图 13-21 所示。

图 13-21

（5）在画面上拖动鼠标,注意构图范围。按回车键确定即可。裁剪后的尺寸,如图 13-22 所示。

图　13-22

（6）最后,选择【文件】>【存储为】,在存储为对话框中指定【保存位置】,【文件格式】选择 JPEG。选择【保存】,在随后弹出的【JPEG 选项】对话框中,将品质设为【最佳】,文件大小设为"11",【确定】完成。

（七）更改图像大小、图像分辨率的方法

数码相机图像大小的尺寸规格不尽相同,普遍尺寸都很大,在进行图像输出时,就不得不对图像尺寸做相应的调整,用 Photoshop 调整照片尺寸的途径有两种,一种是通过裁剪工具调整,另一种是通过设置尺寸调整。

选择菜单栏中的【图像】>【图像大小】命令,系统会弹出如图所示的【图像大小】对话框。可以调整图像的像素大小、打印尺寸和分辨率。

像素大小部分设置图像像素的大小。在对话框中可以重新定义图像像素的"宽度"和"高度",单位包括"像素"和"百分比"。更改像素尺寸不仅会影响屏幕上显示图像的大小,还会影响图像品质、打印尺寸和分辨率。

文档大小部分可以设置图像的打印尺寸和分辨率。

缩放比例：勾选该复选框，在调整图像大小的同时可以按照比例缩放图层中存在的图层样式。

约束比例：勾选该复选框后，在调整图像大小的同时可以保持当前图像的长宽比例。

重定图像像素：勾选该复选框后，在调整图像大小的过程中，系统会将原图的像素颜色按一定的内插方式重新分配给新像素。

实例 6——制作一张 1 寸照片，标准为：打印尺寸 25 mm×35 mm，像素为 300×420（像素）。

（1）选择菜单栏中的【文件】>【打开】命令，找到图像素材，将其【打开】，如图所示。选择菜单栏中的【图像】>【图像大小】命令，在弹出的对话框中可见。像素大小 3264×4912 像素，文档大小 23.69×35.65 厘米，分辨率 350 像素/英寸。取消【重定图像像素】选项的勾选，如图 13-23 所示。

图　13-23

（2）在工具箱中选择【裁切工具】。在属性栏中将【宽度】设为 300 px，【高度】420 px，进行裁剪，如图 13-24 所示。

图 13-24

(3) 裁剪后,选择菜单栏中的【图像】>【图像大小】命令,在弹出的对话框中观察。像素大小 300×420 像素,文档大小 2.18×3.05 厘米,分辨率 350 像素/英寸。

(4) 将文档大小【宽度】2.18 改为 2.5,【高度】随即由"3.05"变为 3.5,分辨率由"350"变为"304.8"像素/英寸,如图 13-25 所示。

图 13-25

(5) 将分辨率单位由"像素/英寸"调换为"像素/厘米",数值会由"304.8"变为"120"。

由此可见,分辨率×文档宽度/高度=像素宽度/高度。当不勾选【重定图像像素】时,【文档大小】宽度/高度数值变大时,分辨率数值变小;当【文档大小】宽度/高度数值变小时,分辨率数值变大,【像素大小】数值始终不变。当勾选【重定图像像素】时,不论【文档大小】还是【分辨率】发生变化时,【像素大小】的数值会发生相应变化。

(八) 更改画布大小的方法

使用【画布大小】命令可以按指定的方向扩大图片周围的空间区域,也可以通过减小画布的方式来裁剪掉图像边缘,还可以设置增大边缘的颜色,在默认情况下,添加的画布底色由调色板中的背景色决定。选择菜单栏中的【图像】>【画布大小】命令,弹出【画布大小】

对话框。

其中各项含义如下：

当前大小：显示当前选择图像的实际大小。

新建大小：用来设置画布的【宽度】和【高度】值。

相对：勾选该复选框时，输入的【宽度】和【高度】数值将不再表示图像的大小，而表示图像被增加或减少区域的大小。

定位：用来设置当前图像在增加或减少图像时的位置。

画布扩展颜色：用来设置当前图像增大空间的颜色。

实例 7——在 A4 版面上编排两张 5 寸照片

（1）选择菜单栏中的【文件】>【打开】命令，在弹出的对话框中选择打开图片的路径，选择两张目标图片点击【打开】。如图 13-26、13-27 所示。

图 13-26

图 13-27

（2）使用菜单栏中的【图像】>【图像大小】命令，分别将两幅照片的【宽度】设为"12.7 cm"，勾选【约束比例】；【分别率】设为"300 像素/英寸"。

（3）选择图 13-26，执行【菜单栏】>【图像】>【画布大小】命令，在弹出的【画布大小】对话框中，将【宽度】设为"21"厘米，【高度】设为"29.7"厘米。【定位】在中心。【画布扩展颜色】选择"白色"。

（4）选择【菜单栏】>【视图】>【标尺】命令。选择【菜单栏】>【视图】>【新建参考线】命令。在弹出的对话框中,选择"垂直",位置 4 厘米,点击确定;再建一条参考线,选择"水平",位置 5 厘米;第三条参考线选择"水平",位置 17 厘米,如图 13-28 所示。

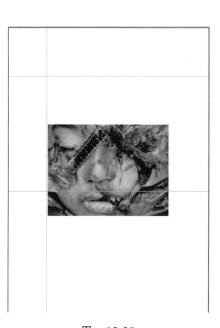

图 13-28

修复前

修复后

图 13-29

（5）选择【工具箱】>【矩形选框工具】,将照片全选,选择【移动工具】,按键盘上的方向键,以参考线为准,移动到 5 厘米处水平参考线和垂直参考线交叉处。执行【菜单栏】>【选择】>【取消选择】命令。

（6）选择图 13-27,使用移动工具,在图像上点击并拖动,拖动到图 13-28 的工作区,向 17 厘米处水平参考线和垂直参考线交叉处靠拢,照片会自动被吸附到交叉处。

（7）添加相关文字,如图 13-29 所示。

(九) 绘图与修图工具

绘图与修图工具包括：画笔工具、修复画笔工具、仿制图章工具、模糊工具、锐化工具、减淡工具、加深工具等。绘图工具与修图工具的属性相当复杂多样，就像现实中的画笔一样，可以进行图形图案的描绘和修改。这里结合具体的实际应用介绍一下【修补工具】与【仿制图章工具】的常见属性设置及应用方法。

修补工具，可以用其他区域或图案中的像素来修复选中的区域。修补工具会将样本像素的纹理、光照和阴影与源像素进行匹配。一般常用在为有瑕疵的图片进行快速修复。

修补工具的使用方法：只要在属性栏中选中对应的选项后，再绘制选区并拖动选区即可。

仿制图章工具可以十分轻松地将整个图像或图像中的一部分进行复制。即可以复制同一文件中同一图层或不同图层的图像，又可以在不同文件中进行复制。只要在需要复制图像中按住 Alt 键，单击鼠标设置源文件的选取点，然后松开鼠标，将指针移动到要复制图像的地方，再按住鼠标跟随目标选取点拖动鼠标，便可以轻松地复制。

实例 8——面貌损伤修补

知识链接——按照中华人民共和国公共安全行业标准《尸体辨认照相、录像方法规则》中对拍摄方法的规定，在对尸体相貌进行拍摄时要清洗和整容，即在拍摄记录尸体面貌特征原始状况后，对尸体头面部有污物的要清洗、擦拭干净；有损伤的要进行整容修补。

(1) 选择菜单栏中的【文件】>【打开】命令，找到图像素材，将其【打开】，如图 13-30 所示。

(2) 选择【工具箱】>【修补工具】，点击鼠标左键，先后依次框选 1、3、5、7、9 数字所指示的损伤印痕，拖动到 2、4、6、8、10 所指示的区域，如图 13-31 所示。这样就可以将源像素与样本像素的纹理、光照和阴影进行匹配。效果如图 13-32 所示。

实训十三　Photoshop 入门及基本操作　177

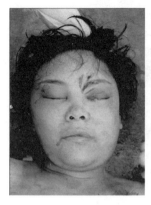 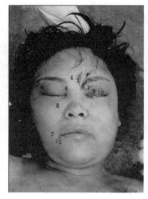 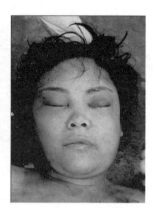

图　13-30　　　　　　图　13-31　　　　　　图　13-32

（3）对背景图层进行复制。选择【菜单栏】>【图层】>【复制图层】命令，或者在图层控制面板，将背景图层拖拽到【创建新图层】按钮，如图 13-33 所示，创建【背景副本】图层。

图　13-33

（4）在图层控制面板上首先隐藏【背景副本】图层，点击【背景副本】图层前面的眼睛图标，然后选择【背景】图层，如图 13-34 所示。

（5）选择【工具箱】>【仿制图章工具】，在属性栏设置【画笔】粗细，将鼠标拖动到图像的左上角地面区域，按住 Alt 键单击鼠标设置源文件的选取点，随后松开 Alt 键，移动鼠标指针到白手套的位置，再

图 13-34

按住鼠标拖动,可将选取点的图像复制至指针所在位置。反复操作,直到将白手套全部覆盖。如图 13-35 所示。

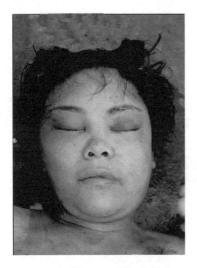
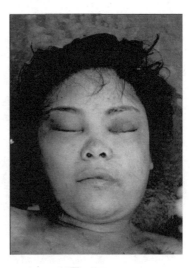

图 13-35　　　　　　　　　　图 13-36

(6) 继续使用【仿制图章工具】工具,将额前的头发复制到头顶残缺的位置,注意头发的结构、方向、区域大小和层次关系要和人物的外形轮廓匹配。如图 13-36 所示。

(7) 隐藏【背景】图层,显示【背景副本】图层,选择【背景副本】图层,如图 13-37 所示。启用【工具箱】>【魔术橡皮擦工具】,将白手套图像清除,如图 13-38 所示。

实训十三　Photoshop 入门及基本操作　179

图　13-37

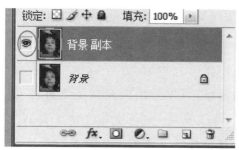

图　13-38

（8）显示【背景】图层，将两个图层合并。执行菜单栏【图层】>【拼合图像】命令。选择【工具箱】>【画笔工具】，设置【画笔】粗细，顺着头顶发丝的方向，再添加一些发丝，丰富形象特征，制造逼真的感觉。如图 13-39 所示。

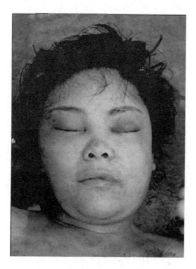

图　13-39

以上的操作步骤，使用了绘图与修图工具的部分功能，修补出了一张画面简洁、形象突出的尸体面貌辨认照片，为辨认创造了更好的条件。

（十）文字工具的介绍及应用

使用【文字工具】，不仅可以对文本进行输入、编辑，还可以对文字进行设计，变化样式丰富，可以高质量地把矢量文本与位图图像完美结合。

在工具箱中右击【文字工具】按钮，可以弹出展开文字工具组，使用文字工具组可以创建文字选区，该工具组包括【横排文字工具】【直排文字工具】【横排文字蒙版工具】【直排文字蒙版工具】。

1. 文字的创建和编辑

（1）创建文字

可以使用【横排文字工具】在图像中的任何位置，创建横排文字。如果要创建竖排文字，使用【直排文字工具】即可。使用【横排文字蒙版工具】和【直排文字蒙版工具】可以直接创建出文字选区，不会新建图层。在工作页面中单击鼠标，即键入了文字的起始点。通过键盘输入文字。

（2）设置字符属性

可以通过属性栏对已经输入文字的属性，如文字的字体、字形、大小、颜色及消除锯齿等做相应的更改，以使文字效果更符合画面的要求。先拖拽鼠标，将字母全部选中，即可进行设置。

也可以通过【字符】控制面板对点文字和段落文字，进行文字行距、字距微调、文字水平与垂直缩放比例、指定基线移动、更改大小写、使字符成为上标或下标、应用上划线和删除线，以及连字等字符属性的更改。勾选【菜单栏】>【窗口】>【字符】，或者点击属性栏里的【切换字符和段落面板】按钮弹出【字符】调板。

(3) 栅格化文字

在 Photoshop 中，有些命令和工具不能应用于文字图层，例如无法为文本添加滤镜效果等。遇见这种情况，则必须为文字图层执行栅格化命令。例如：选择【图层】调板中的文字图层，单击右键，选择【栅格化文字】命令。这样可以将文字图层转变为普通图层。

2. 段落文字

在图像中添加文字时，很多时候需要输入一段文字内容。可以通过【段落】控制面板对段落样式进行设置。

(1) 创建基础文字定界框。文字定界框是在图像中划出一个矩形范围，通过调整定界框的大小、角度、缩放和斜切来调整段落文字的外观效果。在视图中，单击鼠标，并沿着对角线方向拖拽，直至出现文字定界框后松开鼠标，即创建了定界框。

在定界框内输入文字后，将光标移动到定界框的 4 个角上，按住 Ctrl 键，拖动缩放定界框，此时文字会跟随定界框缩放。

(2) 设置段落样式。使用【段落】控制面板，可以很轻松地对选定段落进行各种设置。如设置指定对齐选项、缩进段落、段落间距、调整连字等。勾选【菜单栏】>【窗口】>【段落】，弹出【段落】调板。

实例 9——寻尸启示的制作

(1) 选择菜单栏中的【文件】>【新建】命令。在弹出的新建对话框中进行设置。名称中输入"寻尸启示＋学号"，预设选择"国际标准纸张"，大小选"A4"，颜色模式选"RGB"、"8 位"，背景内容选"白色"，完成设置后点选【确定】，如图 13-40 所示。

(2) 选择【工具箱】>【横排文字工具】，在工具属性栏【设置字体系列】下拉列表中选择"黑体"，【设置字体大小】文本框中输入新的参数：60，【设置文本颜色】对话框中输入色彩参数"R：251，G：3，B：3"，点击工作页面，输入文字"寻尸启示"，如图 13-41 所示。

(3) 选择【工具箱】>【移动工具】，将"寻尸启示"四字调整到工作

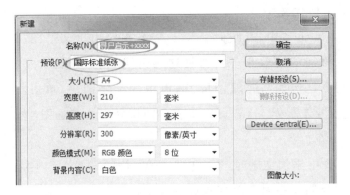

图 13-40

图 13-41

页面正上方位置,参见图 13-42 所示。

图 13-42

(4) 将寻尸启示正文第一段文字内容从 word 文本复制("寻尸启示"的 word 文本已经通过教学系统发送到每个学生机)。

(5) 选择【工具箱】>【横排文字工具】,在工作页面,单击鼠标,并沿着对角线方向拖拽,直至出现文字定界框后松开鼠标,创建定界框。在工具属性栏【设置字体系列】下拉列表中选择"宋体",【设置字体大小】文本框中输入新的参数:24,【设置文本颜色】对话框中输入色彩参数"R:3,G:3,B:3"。选择【菜单栏】>【编辑】>【粘贴】。选择【菜单栏】>【窗口】>【段落】>【避头尾法则设置】>【JIS 严格】,如图 13-42 所示。

(6) 拖动定界框,调整第一段文字的版型,调整好之后,选择移动工具,调整位置,参见图 13-43 所示。

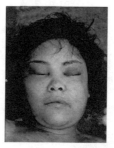

图　13-43

(7) 依照(4)至(6)的步骤制作第二段文本及落款内容,为了便于编辑,建议一段文字制作一个文字图层。版面设计参见图 13-43 所示。

(8) 选择菜单栏中的【文件】>【打开】命令,将用于编辑的尸体面貌辨认照片调入工作区。选择【工具箱】>【裁剪】,在工具属性栏【宽度】设为 8.9 cm,【高度】设为 12.7 cm,【分辨率】设为 300,【单位】设为像素/英寸。设置完成之后进行裁剪。

(9) 选择【工具箱】>【移动工具】,在尸体面貌辨认照片工作页面点击鼠标左键,拖拽至"寻尸启示"工作页面。调整到合适位置,参见图 13-43 所示。最后,选择【菜单栏】>【另存为】,在另存为对话框中指定【保存位置】,【文件格式】选择 JPEG,点击【保存】。在随后弹出的【JPEG 选项】对话框中,将品质设为【最佳】,点击【确定】,完成操作,如图 13-43 所示。

(十一) 旋转画布命令的操作

【菜单栏】>【图像】>【旋转画布】命令可以对整个图像进行任意角度的旋转和翻转。【菜单栏】>【编辑】>【变换】命令适用于对单个图层、图层中的一部分、选区以及路径进行旋转或翻转。

实例 10——调整拍歪照片

(1) 选择菜单栏中的【文件】>【打开】命令,找到图像素材,将其【打开】,如图 13-44 所示。

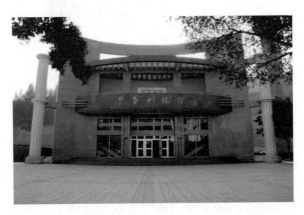

图 13-44

(2) 在【工具箱】选择【标尺工具】,或者选择【菜单栏】>【分析】>【标尺工具】,如图 13-45 所示。再在图片中标出一条以图片为参考物的水平线,如图 13-46 所示。

图 13-45

图 13-46

（3）接着，依次选择【菜单栏】>【图像】>【旋转画布】>【任意角度】命令，弹出的窗口会自动设置一个调整角度，点击确认即可，如图13-46所示。

（4）这时照片并不方正，可以通过裁剪校正，如图13-47所示。

图 13-47

实例11——印章的重叠比较法

（1）选择菜单栏中的【文件】>【打开】命令，找到需要比较的印章印文素材，将其【打开】，这是两枚用扫描仪扫描输入的印章图像，已按照相同的规格裁剪，如图13-48、13-49所示。

图 13-48 检材　　　　　　　图 13-49 样本

（2）使用【工具箱】>【移动工具】，将样本印文直接拖动到检材印文的工作页面。

（3）使用【工具箱】>【魔棒工具】，按住 Shift 键，在样本印文中选择没有印文痕迹的部分，然后按 Delete 键清除，将上层印文变镂空。选择【菜单栏】>【图像】>【调整】>【去色】命令，使样本印文图层成为消色图像，增强与检材图像的对比，如图 13-50 所示。

图 13-50　　　　　　　　图 13-51

（4）降低样本图层的不透明度，【不透明度】设为"82"，方便观察，如图 13-51 所示。

（5）点选【工具箱】>【移动工具】，勾选属性栏【显示变换控件】选项,以印章的圆形外框为参照,移动图层位置,使上下对齐。

(6) 使用【菜单栏】>【编辑】>【变换】>【旋转】命令。光标移动到控件的一角,按住鼠标,旋转调整角度,以"人"字为基准对齐重合,再观察比较其他部位两印文的重合情况,如图 13-52 所示。

图 13-52

六、实训中的注意事项

(1) 用来练习的图片由教师负责通过多媒体教学系统传输给学生。

(2) 未完成的作业,学生应复制在 U 盘中保存。完成的作业以"自己的学号+姓名"重命名后,通过多媒体教学系统传输到教师机。

(3) 要求按照老师的引导,同步操作练习。

(4) 如计算机出现故障,应及时报告,不得擅自处理。

七、实训报告的填写要求

按要求填写好实训报告,写明实验目的、原理、内容和操作步骤。

八、实训作业和思考题

(1) 将一张照片裁剪成 1 寸照片(打印尺寸为 25 mm×35 mm,像素为300×420),应如何操作？请列出其基本步骤。

（2）对排歪照片进行校正,应如何调整？请列出其基本步骤。

（3）对尸体照片面部损伤进行修补,应如何操作？请列出其基本步骤。

（4）利用 Photoshop 制作"寻尸启示",应如何操作？请列出其基本步骤。

（5）图像文件中分辨率、像素大小、文档大小三者有什么联系？

（6）如何改变画布大小,改变画布大小和改变图像大小有什么本质区别？

实训十四　Photoshop 常用处理命令介绍及运用

一、实训目的

在实际工作中由于现场光线条件、照相设备性能的差异、拍摄者的技术水平等因素制约，都会影响到照片的成像质量。本节通过学习 Photoshop 软件中图像调整、图层、通道等常用图像处理命令的使用方法，通过图像处理实例的操作练习，掌握常用图像处理命令的运用技巧，使图像质量通过后期处理得到优化。

二、实训基础知识

（一）调整命令

Photoshop 中的【图像】>【调整】菜单包含的命令很多，最为基础的命令是【色阶】【曲线】【色彩平衡】和【色相/饱和度】这四项。调整命令不仅可以对亮度和对比度进行调整，还可以改变图像的色调和颜色。调整命令中的各项命令应用后会永久性改变图像像素的属性。对于简单的调整，直接应用【图像】>【调整】命令即可，对于繁复的调整，应当在【调整图层】上进行。调整图层不会对图像本身进行调整，所以不会破坏图像像素的属性，删除调整图层可以恢复图像到原来的效果。

1. 色阶

色阶就是用直方图描述整张图片的明暗信息状况。使用色阶命令可以调整图像的暗调、中间调和高光级别。【色阶】对话框中的直方图，可以用作对校正图像的色调范围和色彩平衡的参考。从左至右是从暗到亮的像素分布,黑色三角代表最暗地方,白色三角代表最亮地方,灰色三角代表中间调,如图 14-1 所示。

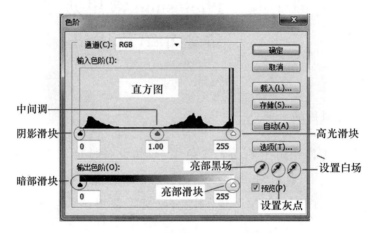

图 14-1

在【输入色阶】和【输出色阶】对应的文本框中输入数值来调整图像的色调范围或亮度范围,也可以通过拖动图中的滑块来实现调整。

【设置黑场】【设置灰点】【设置白场】按钮,分别用来设置图像中阴影/中间调/明亮部分的范围。单击【设置黑场】按钮后,将光标在图像中点击,单击后图像中的颜色比选取点的颜色更深;【设置白场】与设置黑场的方法正好相反;【设置灰点】用来设置图像中间调的范围,使用光标在白色或黑色区域单击后会恢复图像。

2. 曲线

使用【曲线】命令可以对图像的暗部或亮部进行精确的调整,可以直接拖动直方图中的曲线对图像进行调整,也可以对单个通道进行调整。利用它可以综合调整图像的亮度、对比度以及色彩等。

【曲线】对话框中曲线图的曲线默认状态是一条对角线。曲线右上角的端点向左移动,增加图像亮部的对比度,并使图像变亮。曲线左下角的端点向右移动,增加图像暗部的对比度,使图像变暗。

使用【编辑点以修改曲线】,可以在曲线上添加控制点来调整曲线，拖动控制点即可改变曲线形状。使用【通过绘制来修改曲线】，可以随意在直方图内绘制曲线。向上弯曲会将图像变亮；向下弯曲会将图像变暗。也可以通过设置【输出】和【输入】数值来控制曲线上控制点的位置，如图 14-2 所示。

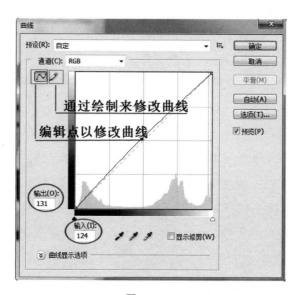

图　14-2

3．色彩平衡

色彩平衡是根据颜色的互补原理调整图像的颜色，即如果要减少某一种颜色，就可以增加这种颜色的相反色。这个命令能进行一般性的色彩校正。

在【色彩平衡】对话框中有 3 组相互对应的互补色，分别为青色对红色、洋红对绿色、黄色对蓝色。可以在对应的文本框中输入相应的数值或拖动下面的三角滑块来控制颜色的增加或减少。

【色调平衡】可以在阴影、中间调或高光中的任何色调区进行色彩平衡的调整。

【保持平衡】勾选此复选框，在调整色彩平衡时保持图像中相应色调区的图像亮度不变。如图 14-3 所示。

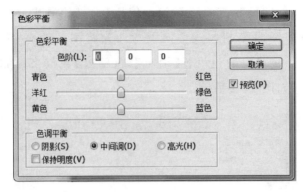

图 14-3

4. 可选颜色

【可选颜色】命令可以有选择地调整任何主要颜色中的印刷色数量而不影响其他主要颜色。是后期数码调整中的利器,可以调整我们想要修改的颜色而保留我们不想更改的颜色。例如在调整"黄色"颜色中的"黄色"的数量,不会影响"黄色"在其他主色调中的数量,如图 14-4 所示。

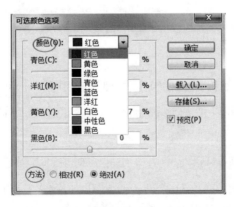

图 14-4

在【颜色】下拉菜单中选中你将要调节的颜色,通过下面四个颜色滑块精细调节色彩。向右拖动滑块,会增加该种颜色的含量。向左拖动,会向该种颜色的反转色偏移。

【方法】用来设置色值的调整方式。勾选【相对】按钮,可以按照总量的百分比调整各颜色的含量；勾选【绝对】按钮,可以对各颜色的含量采用绝对值调整。

5．自动调色功能

自动调色功能包括【自动色阶】【自动对比度】和【自动颜色】。使用这三种命令根本不需要自己去判断颜色值偏了多少,明暗对比差了多少,只需要单击【菜单栏】>【图像】>【调整】>【自动色阶】/【自动对比度】/【自动颜色】即可,就会自动完成调整。只要照片曝光基本准确,调整优化效果是很显著的。

（二）图层

图层就像是含有文字或图形等元素的胶片,一张张按顺序叠放在一起,组合起来形成图像的最终效果。图层可以将图像上的元素精确定位。对图层的操作,是编辑图像必不可缺的。

为了编辑图像的方便,在制作过程中使用多个图层是必需的,充分运用图层可以在单独的某个图层中应用图层样式、添加变换效果、变换图像等,而不会影响到其他图层。

1．图层调板介绍

选择【菜单栏】>【窗口】>【图层】命令,可以打开如图 14-5 所示的【图层】调板。

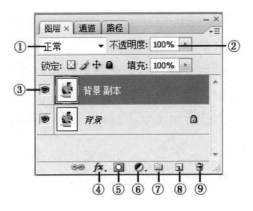

图　14-5

其中主要项目含义如下：

（1）图层的混合模式：用来调节当前图层与下面图层的混合模式。

（2）不透明度调节：不透明度可以调整整个图层的不透明度；填充不透明度只能对图层中存在的像素调整不透明度，不能对该图层应用的图层样式进行不透明度操作。

（3）显示图层：当前层前面出现小眼睛图标时，表示该图层中的像素可以在图像中看到，没出现小眼睛图标时，即被隐藏。处于当前工作的图层，图层缩略图周围呈彩色。

（4）添加图层样式：单击该按钮，可以在下拉菜单中选择要为该图层应用的图层样式。

（5）图层蒙版：选择图层后，单击此按钮，可以为该图层添加图层蒙版，如果存在选区，将会把选区以外的像素隐藏。

（6）创建新的填充或调整图层：单击该按钮，可以在下拉菜单中选择创建新的填充或调整图层。

（7）创建新的图层组：单击该按钮，可以新建图层组。

（8）创建新的图层：单击该按钮，可以新建图层。

（9）删除图层：单击该按钮，可以删除当前图层或图层组。

2. 图层混合模式介绍

图层混合模式决定当前图层中的像素与下一图层像素的混合方式，通过设置不同的混合模式，可以得到意想不到的特殊效果。单击混合模式右边的按钮，可以弹出所有混合模式的名称，只要在选择的混合模式上单击就可以应用该模式，如图14-6所示。

图 14-6

(1) 不依赖其他图层的模式

在图层混合模式中【正常】和【溶解】模式是不依赖其他图层的。

① 正常：是系统默认的混合模式，混合效果与不透明度的设置有关，只有不透明度小于 100% 时，才能实现简单的图层混合。

② 溶解：当不透明度为 100% 时，该选项不起作用；只有透明度小于 100% 时，该模式从上层中随机抽取一些像素作为透明，使其可以看到下层，随着上层透明度越低，可看到的下层区域越多。

(2) 使底层图像变暗的模式

【变暗】【正片叠底】【颜色加深】【线性加深】模式能使下面图像变暗。

① 变暗：选择两个图层中较暗的颜色作为结果色（指应用混合模式后的色彩）。变暗模式将导致比基色（下面图层的颜色）更淡的颜色从混合图像中被去掉。

② 正片叠底：基色与混合色（上面图层的颜色）复合。结果色总是较暗的颜色。任何颜色与黑色复合产生黑色；任何颜色与白色复合保持不变。

③ 颜色加深：如果混合色越暗，则基色获取的光越少；如果混合色为全黑色，则基色越黑；如果混合色为全白色，则根本不会影响基色。

④ 线性加深：如果上下层的像素值之和小于 255，输出结果将会是纯黑色。

(3) 使底层图像变亮的模式

使用【变亮】【滤色】【颜色减淡】【线性减淡】模式时，时下面的图像加亮。

① 变亮：系统选择基色和混合色中较亮的颜色作为结果色。比混合色暗的像素将被基色替换，比混合色亮的保持不变。

② 滤色：它将基色与混合色结合起来产生比两种颜色都浅的第

三种颜色。

③ 颜色减淡：如果上层越亮，下层获取的光越多，也就越亮。如果上层是纯黑色，也就没有亮度，则根本不会影响下层。如果上层是纯白色，则全部为白色。

④ 线性减淡：该模式将上下层的色彩值相加，结果将更亮。

（4）增强底层图像的对比度

使用【叠加】【柔光】【强光】【亮光】【线性光】【点光】【实色混合】模式时，任何暗于 50% 灰度的区域都可能使下面的图像变暗，而亮于 50% 的区域则可能加亮下面的图像。

（5）比较上层与底层的图层

【差值】和【排除】模式是将上层的图像和下层的图像进行比较，寻找二者完全相同的区域。

（6）把一定量的上层应用到底层图像中

【色相】【饱和度】【颜色】【亮度】模式只将上层图像中的一种或两种特性应用到下层图像中。如：【色相】输出图像的色调为上层，饱和度和亮度保持为下层；【饱和度】输出图像的饱和度为上层，色调和亮度保持为下层。

（三）通道

通道是选择区域的映射，具有存储图像的色彩资料、存储和创建选区和抠图的功能。通道能将白色部分创建为选区，回到图层，就可以对选区进行编辑修改，而黑色则为没有选中的部分。通道的另一主要功能是用于同图像层进行计算合成，从而生成许多不可思议的特效。

1. 通道的分类

（1）颜色通道：当打开图像时，通道调板会自动创建关于该颜色模式的颜色通道。RGB 模式有 3 个颜色通道，CMYK 模式有 4 个颜色通道等。颜色通道包含复合通道和单色通道。

（2）复合通道：单色通道颜色共同组成的通道。

（3）单色通道：指的是单独表示某种单一色彩的颜色通道。

（4）专色通道：指定用于专色油墨印刷的附加印版。

（5）Alpha 通道：Alpha 通道可以将选区存储为灰度图像。

2．通道调板

选择菜单栏中的【窗口】>【通道】命令，打开如图 14-7 所示的通道调板。其中主要项目含义如下：

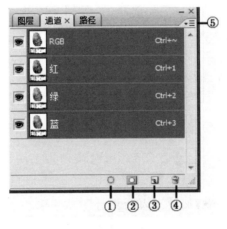

图 14-7

（1）将通道作为选区载入：单击该按钮，可以调出通道中颜色较淡部分的选区。

（2）将选区存储为通道：单击该按钮，可以将当前选区存储到新建的 Alpha 通道。

（3）创建新通道：单击该按钮，可以新建一个 Alpha 通道，按住 Alt 键单击该按钮，可以打开新建通道对话框，设置相关参数。

（4）删除通道：单击该按钮，可以删除当前通道。

（5）弹出菜单按钮：单击该按钮，可以打开通道调板的弹出菜单。

三、实训内容

(1) 使用【色阶】调整发灰的图片

(2) 使用【曲线】调整发暗图片

(3) 使用图层的【混合模式】>【滤色】命令提高图像的亮度

(4) 使用【调整图层】调整偏色照片

(5) 黑色文字与红色印章的分离(过滤印章)

(6) 红色印章与黑色文字的分离(过滤文字)

四、实训所需设备和器材

每2人为一组,准备下列设备和器材:

(1) 台式电脑   2台/组

(2) U盘   1个/组

五、实训方法和步骤

(一) 使用【色阶】调整发灰的图片

(1) 选择菜单栏中的【文件】>【打开】命令,找到图像素材,将其【打开】,如图14-8所示。

(2) 选择菜单栏中的【图像】>【调整】>【色阶】命令,打开色阶对话框。观察直方图,可见直方图下方左边黑三角处也就是图像暗调处没有一点像素,右边白三角处也没有一点像素,所有像素都集中在灰三角周围,也就是中间调区域。诸如此类的照片都表示照片对比度较低,整体调子发灰,如图14-9所示。

(3) 把左边的黑三角向右边滑动到"波峰"的最左端,把右边的白三角向左滑动到"波峰"的最右端,如图14-10所示。这时照片的发灰现象明显减轻。

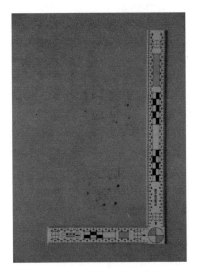

图 14-8

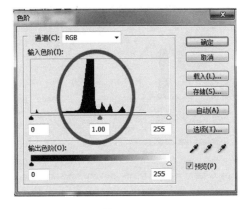

图 14-9

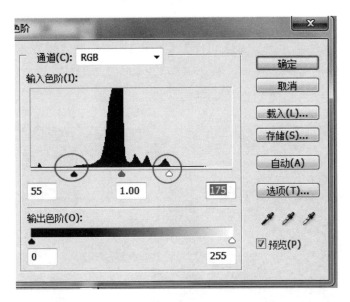

图 14-10

（4）边观察图像边滑动中间的灰三角，来控制明暗，找寻最佳状态，如图 14-11 所示。

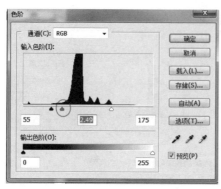

图 14-11　　　　　　　　　　图 14-12

（5）简单的校正发灰图像处理完成，如图 14-12 所示。

（二）使用【曲线】调整发暗图片

（1）选择菜单栏中的【文件】>【打开】命令，找到图像素材，将其【打开】，如图 14-13 所示。该幅图像整体曝光不足，局部（窗户）又曝光过度，是室内逆光拍摄的常见问题。

图 14-13

（2）选择菜单栏中的【图像】>【调整】>【曲线】命令，打开【曲线】对话框，设置【通道】为"RGB"，选择"编辑点以修改曲线"，在曲线上每点击一次就会添加一个点，如图 14-14 所示。添加的点是可以拖动的，把点向上拖动就会提亮图像，向下拖动就会压暗图像，把点拖到曲线面板以外就会删除点。

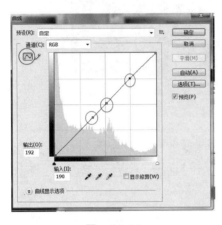

图　14-14　　　　　　　　图　14-15

（3）如果在曲线中间任意添加一个点并向上拖动，就会提亮整张照片，但是照片中明亮的区域会曝光过度，反而损失大量细节，因此，应该只调整暗部区域而不是全部。曲线左下角的端点代表暗调，右上角的端点代表高光，中间的过渡代表中间调。可以在曲线上添加四个点，提亮图片的暗部，高光稍微压暗一点点，这样图片可以呈现更多的细节，高光又不会过曝，如图 14-15 所示。

（4）设置完毕后单击【确定】按钮，应用【曲线】命令后的效果如图 14-16 所示。

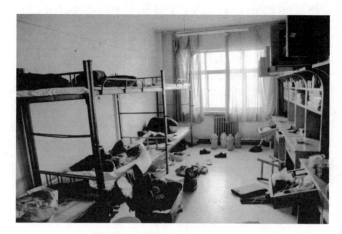

图 14-16

(三)使用图层的【混合模式】>【滤色】命令提高图像的亮度

(1)选择菜单栏中的【文件】>【打开】命令,找到图像素材,将其【打开】,如图 14-17 所示。

图 14-17

（2）在图层调板上，用鼠标点击并拖动【背景】层至调板底部的【创建新图层】图标上，新建【背景副本】图层，如图 14-18 所示。

图 14-18

（3）在图层调板【混合模式】中选择【滤色】命令，如图 14-19 所示。

图 14-19　　　　　　　　　　　　图 14-20

（4）如果画面还是不够亮，选择【背景副本】图层，重复第二、三步。如果画面变太亮，减少不透明度数值，可降低画面亮度，如图 14-20 所示。

（5）观察图像会发现，虽然图像变亮了，可是面部出现了一定的偏色，有些泛黄，如图 14-21 所示。

图 14-21

图 14-22

（6）在图层调板底部点击【创建新的填充或调整图层】图标,如图 14-22 所示。在弹出的下拉列表中选择【可选颜色】,如图 14-23 所示。

图 14-23

图 14-24

（7）在弹出的【可选颜色选项】对话框中，将【颜色】选项设为"黄"，拖动"青色"滑标左拉至"－50"，"洋红"滑标左拉至"－50"，"黄色"滑标左拉至"－100"，【方法】选择"相对"，设置完成后，点击【确定】，如图 14-24 所示。

（四）使用【调整图层】调整偏色照片

（1）选择菜单栏中的【文件】>【打开】命令，找到图像素材，将其【打开】，如图 14-25 所示。

图　14-25

图　14-26

（2）在图层调板上，用鼠标点击并拖动【背景】层至调板底部的【创建新图层】图标上，新建【背景副本】图层，如图 14-26 所示。

（3）在图层调板底部点击【创建新的填充或调整图层】图标，如图

14-27所示。在弹出的下拉列表中选择【色彩平衡】。在弹出的【色彩平衡】对话框中,拖动"青色—红色"滑标右拉至"-60";拖动"洋红—绿色"滑标右拉至"+60";拖动"黄色—蓝色"滑标右拉至"+100"。【色调平衡】选择"中间调",不勾选【保持明度】。设置完成后,点击【确定】,如图14-28所示。

图 14-27

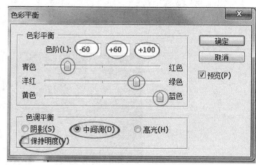

图 14-28

（4）再次点击【创建新的填充或调整图层】图标,在弹出的下拉列表中选择【色彩平衡】。在弹出的【色彩平衡】对话框中,拖动"洋红—绿色"滑标右拉至"+39";拖动"黄色—蓝色"滑标右拉至"+100"。不勾选【保持明度】,【色调平衡】选择"中间调"。设置完成后,点击【确定】,如图14-29所示。

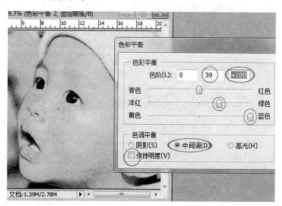

图 14-29

实训十四　Photoshop常用处理命令介绍及运用　207

（5）在图层调板底部点击【创建新的填充或调整图层】图标，在弹出的下拉列表中选择【可选颜色】命令，如图14-30所示。

图　14-30

（6）在弹出的【可选颜色选项】对话框中，将【颜色】选项设为"红色"，拖动"洋红"滑标左拉至"－20"，拖动"黄色"滑标左拉至"－30"，【方法】选择"绝对"，如图14-31所示。再次选择【颜色】选项，设为"黄色"，拖动"洋红"滑标左拉至"－10"，拖动"黄色"滑标左拉至"－90"，如图14-32所示。设置完成后，点击【确定】。

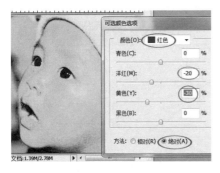 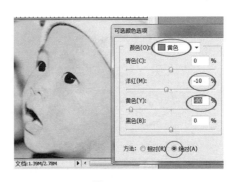

图　14-31　　　　　　　　　　　图　14-32

（7）在当前图层上右击，在下拉菜单中选择【拼合图像】，如图14-33所示。

（8）最后，选择【菜单栏】>【另存为】，在另存为对话框中指定【保存位置】，【文件格式】选择JPEG，点击【保存】。在随后弹出的【JPEG选项】对话框中，将品质设为【最佳】，点击【确定】，完成操作，效果如图 14-34 所示。

图 14-33　　　　　　　　　　图 14-34

（五）分离黑色文字与红色印章（保留文字）

（1）选择菜单栏中的【文件】>【打开】命令，找到图像素材，将其【打开】，如图 14-35 所示。

图 14-35　　　　　　　　　　图 14-36

（2）打开通道调板，可见在"红"通道中，红色的印章印文被过滤掉了，只剩下形成黑白反差的黑色文字，如图 14-36 所示。

（3）点击通道面板右上角的【弹出菜单】按钮，选择【分离通道】命令，如图 14-37 所示。

（4）选择分离的红通道图像。切换到图层调板，用鼠标点击并拖动【背景】层至调板底部的【创建新图层】图标上，新建【背景副本】图

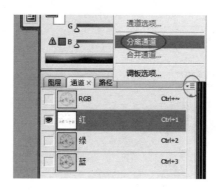

图 14-37

层。在图层调板【混合模式】中选择【叠加】命令,如图 14-38 所示。

图 14-38

(5) 按 Ctrl+Shift+Alt+E 新建一个盖印图层。会显示为"图层 1"。

(6) 用鼠标点击并拖动"图层 1"至调板底部的【创建新图层】图标上,产生"图层 1 副本"。将【混合模式】选为"线性加深",如图 14-39 所示。

(7) 在当前图层上右击,在下拉菜单中选择【拼合图像】。

(8) 最后,选择【文件】>【另存为】,在另存为对话框中指定【保存位置】,【文件格式】选择 JPEG,为文件命名。点击【保存】。在随后弹出的【JPEG 选项】对话框中,将品质设为【最佳】,文件大小设为"12",

点击【确定】,完成操作,如图 14-40 所示。

图 14-39　　　　　　　　　　图 14-40

(六) 分离红色印章与黑色文字(保留印章)

(1) 选择菜单栏中的【文件】>【打开】命令,找到图像素材,将其【打开】,如图 14-41 所示。

图 14-41

(2) 选择【菜单栏】>【图像】>【模式】>【Lab 颜色】命令。将图像色彩模式由 RGB 转变为 Lab,如图 14-42 所示。

(3) 打开通道调板,隐藏"明度"通道,可见黑色文字被过滤掉,只剩下红色的印章印文了,如图 14-43 所示。

实训十四　Photoshop 常用处理命令介绍及运用　211

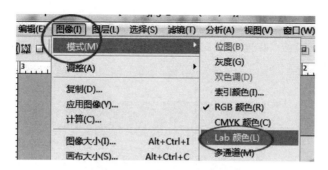

图　14-42

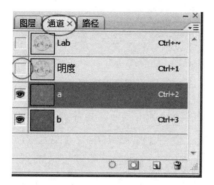

图　14-43

（4）利用"导航器"将图像满屏显示，如图 14-44 所示。

图　14-44

（5）参照实训十二之"实例2——制作截屏图像"的方法步骤，制作一张截屏图像，再将印章印文部分裁剪出来。这样，可获得"a""b"两通道所组成的JPEG格式的图像，如图14-45所示。

图 14-45

（6）切换到图层调板，用鼠标点击并拖动【图层1】至调板底部的【创建新图层】图标上，新建【图层1副本】图层。在图层调板【混合模式】中选择【颜色减淡】命令，如图14-46所示。

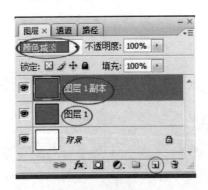

图 14-46

（7）按Ctrl＋Shift＋Alt＋E新建一个盖印图层。会显示为"图层2"。

（8）用鼠标点击并拖动"图层2"至调板底部的【创建新图层】图标上，产生"图层2副本"。将【混合模式】选为"亮光"，如图14-47所示。

图 14-47

（9）按 Ctrl＋Shift＋Alt＋E 再新建一个盖印图层。会显示为"图层 3"。用鼠标点击并拖动"图层 3"至调板底部的【创建新图层】图标上，产生"图层 3 副本"。将【混合模式】选为"正片叠底"，如图 14-48 所示。

图 14-48

（10）在当前图层上右击，选择【拼合图像】。最后，选择【文件】〉【存储为】，在存储为对话框中指定【保存位置】，【文件格式】选择 JPEG，文件命名为"处理的检材印章"。点击【保存】按钮，在随后弹出的【JPEG 选项】对话框中，将品质设为【最佳】，文件大小设为"12"，点击【确定】，完成操作。

六、实训中的注意事项

（1）用来练习的图片由教师负责通过多媒体教学系统传输给学生。

（2）未完成的作业，学生应复制在U盘中保存。完成的作业以"自己的学号＋姓名"重命名后，通过多媒体教学系统传输到教师机。

（3）要求按照老师的引导，同步操作练习。

（4）如计算机出现故障，应及时报告，不得擅自处理。

七、实训报告的填写要求

按要求填写好实训报告，写明实训目的、原理、内容和操作步骤。

八、实训作业和思考题

（1）在一幅图像中，如果对其中某一部分的色调效果不满意，应如何调整？请列出其基本步骤。

（2）如何分离黑色文字与红色印章并将印章保留？请列出其基本步骤。

实训十五　手印图像的处理技术

一、实训目的

在实际工作中,指印照片中诸如配光不均匀、对比太弱、纹线被遮掩、背景杂乱等情况对图像检验鉴定造成严重干扰。本节通过学习 Photoshop 软件中替换颜色、阴影/高光等相关命令,掌握一定的处理方法,使原始指纹图像质量得到一定改善,提高指纹图像的辨识条件。处理成在计算机指纹自动识别系统中,便于机器感知、理解和分析的样式,提高分析和识别的效率。

二、实训基础知识

(一) 替换颜色

使用替换颜色命令,可以为需要替换的颜色创建一个临时蒙版,以选择图像中的特定颜色,然后进行替换。还可以设置替换区域内图像的色相、饱和度和明度。选择【菜单栏】>【图像】>【调整】>【替换颜色】命令,得到如图 15-1 所示的【替换颜色】对话框。其中主要项目的含义介绍如下:

吸管工具:使用吸管工具在图像上单击需要替换颜色的部位,在"颜色"色块中会显现相应的颜色。

颜色:用来设置被替换的颜色,单击色块会打开选取目标颜色对话框,在对话框中可以设置被替换的颜色。

颜色容差:用来设置被替换颜色的选取范围,可以通过在文本框中输入数值或拖动控制滑块来设置颜色容差。数值越大,颜色的选取范围就越广;数值越小,颜色的选取范围就越窄。

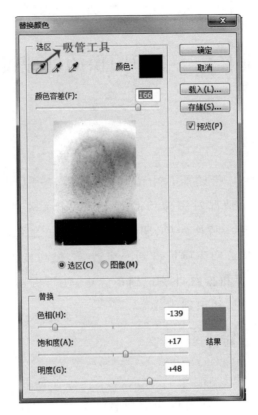

图 15-1

选区：选中该单选按钮，将在预览框中显示蒙版，白色代表选取范围；黑色代表未选取的区域。部分被蒙版区域会根据不透明度而显示不同亮度的灰色。

替换：用来设置被替换图像区域的色相、饱和度和明度。在【结果】色块上单击，会打开【选取目标颜色】对话框，在对话框中可以设置用来替换的颜色。

(二) 阴影/高光

使用阴影/高光命令可以快速改善图像曝光过度或曝光不足区域的对比度，同时保持图像的整体色彩平衡。选择【菜单栏】>【图像】>【调整】>【阴影/高光】命令，得到如图 15-2 所示的【阴影/高光】对话框。其中主要项目的含义介绍如下：

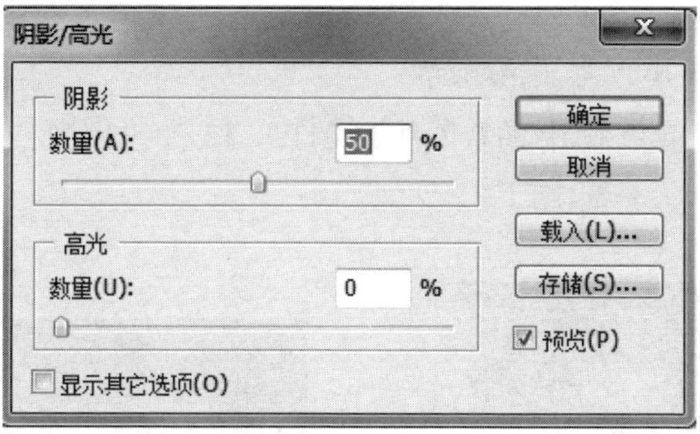

图 15-2

阴影与高光：对阴影与高光部分的设置。

数量：用来调整阴影/高光的深度。阴影的数值越大，图像上的暗部就越亮；高光的数值越大，图像上的亮部就越暗。

三、实训基础知识

（1）指印比例照片的处理

（2）光照不均匀指纹照片的处理

（3）对有不同颜色背景干扰的指印图像的处理

（4）利用替换颜色命令增强纹线与背景之间反差的处理

（5）对处理所造成局部纹线残缺的修补处理

四、实训所需设备和器材

每 2 人为一组，准备下列设备和器材：

（1）台式电脑　　　　　　　　　　　　　　　　2 台/组

（2）U 盘　　　　　　　　　　　　　　　　　　1 个/组

五、实训方法和步骤

（一）指印比例照片的处理

（1）选择菜单栏中的【文件】>【打开】命令，找到图像素材，将其【打开】，如图 15-3 所示。

图 15-3

图 15-4

（2）使用【工具箱】>【裁剪工具】，在属性栏将【宽度】设为"8.9"厘米，【高度】设为"12.7"厘米，分辨率设为"300"像素/英寸（按照刑事照相制卷质量要求的规定，直接反映案件性质的重要细目照片，尺寸应为 127 mm×203 mm 或 89 mm×127 mm 左右）。将需要的图像内容进行裁剪。使指纹长度不超过画幅长度的 1/2。如图 15-4 所示。

（3）将图像窗口和工作页面最大化显示，在背景图层上双击，弹出【新建图层】对话框，点击【确定】，将原【背景】层转变为【图层 0】，如图 15-5 所示。

图 15-5

（4）选择【菜单栏】>【视图】>【标尺】命令，在图像窗口中显示标尺。选择【菜单栏】>【视图】>【新建参考线】命令。在弹出的对话框中，选择"垂直"，位置"3厘米"，点击确定；再建一条参考线，选择"垂直"，位置"6厘米"，如图15-6所示。

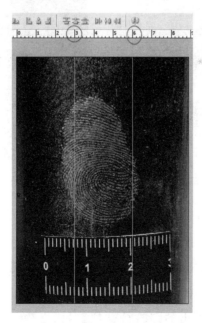

图 15-6

(5) 指纹照片中比例尺"1 cm"的宽度如果和画面中两条参考线之间的距离一致,则指印照片打印输出的尺寸正好是实际指印的 3 倍(按照刑事照相制卷质量要求的规定,属于从属画面的痕迹物证照片,应按比例尺放大。指纹放大 3 倍)。所以,选择【菜单栏】>【编辑】>【变换】>【缩放】命令,这时图像的四个边角出现八个小的方框。将鼠标移至右上角的小方形上,按住 Shift 键的同时拖动小方形,可将画面等比例扩大。直至照片中比例尺的"1 cm"刻度与参考线的宽度一致,如图 15-7 所示。

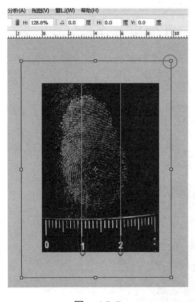 

图 15-7　　　　　　　　　图 15-8

(6) 使用键盘上的方向键移动指纹,将指纹居中于画面,最后,点击键盘上的"Enter"。

(7) 选择【文件】>【存储为】,在存储为对话框中指定【保存位置】,【文件格式】选择 JPEG。【文件名】为"放大 3 倍的指纹照片",选择【保存】,在随后弹出的【JPEG 选项】对话框中,将品质设为【最佳】,文件大小设为"12",点击【确定】,完成操作。如图 15-8 所示。

（二）光照不均匀指纹照片的处理

（1）选择菜单栏中的【文件】>【打开】命令，找到图像素材，将其【打开】，如图 15-9 所示。

图　15-9

（2）该幅照片中的指纹，由于处于弧形物体表面，在照相配光中，不可避免地会出现一定程度的光照不均匀现象，受光面亮，背光面暗。可以通过【菜单栏】>【图像】>【调整】>【阴影/高光】命令进行调整，减弱或者消除光照不均匀现象。打开【阴影/高光】对话框后，将【阴影】的数值调到最小，数值越小则阴影区影调越暗；将【高光】的数值调到最大，数值越大则高光区影调越暗，如图 15-10 所示。可见高光区域变暗，整体影调趋于一致。

（3）选择图层调板【创建新的填充或调整图层】>【反相】命令，如图 15-11 所示。可以将图像底色变白，纹线变黑，这样更有利于指纹的观察、检验和比对。但是，在白底情况下，高光区和阴影区影调对比更加凸显，还需要进一步处理，将背景较暗的区域调亮，使背景影调一致，加强和纹线之间的反差。

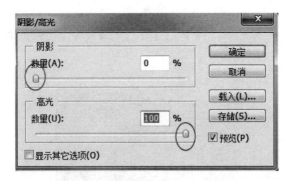

图 15-10

图 15-11

（4）使用【工具箱】〉【矩形选框工具】将背景较暗的区域框选，点击属性栏【调整边缘】按钮，调出调整边缘对话框，将【羽化】设为"60"，点击【确定】，如图 15-12 所示。

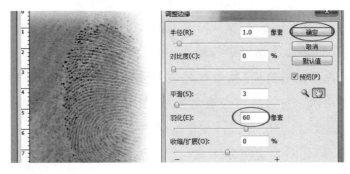

图 15-12

（5）选择图层调板【创建新的填充或调整图层】>【曲线】命令，在曲线对话框中将曲线上扬，或将【输出】设为"150"，【输入】设为"98"，如图 15-13 所示。设置完成后，点击【确定】。

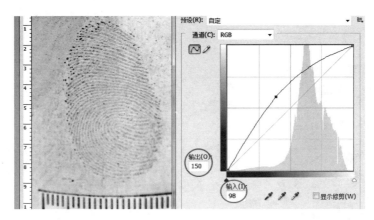

图　15-13

（6）再次选择指纹稍暗的区域，重复步骤（4）、（5），将影调调均匀，如图 15-14 所示。

图　15-14

(7) 按 Ctrl+Shift+Alt+E 新建一个盖印图层。会显示为"图层 1"。用鼠标点击并拖动"图层 1"至调板底部的【创建新图层】图标上，产生"图层 1 副本"。将【混合模式】选为"线性加深"。继续【创建新图层】，一共产生 5 个图层副本。再按 Ctrl+Shift+Alt+E，再新建一个盖印图层，会显示为"图层 2"，如图 15-15 所示。

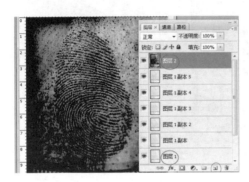

图 15-15　　　　　　　　　　　图 15-16

(8) 转换到通道调板，选择"绿"通道，如图 15-16 所示。执行【菜单栏】>【图像】>【计算】命令，在计算对话框中，将【混合】选为"滤色"，如图 15-17 所示，点击【确定】，会产生一个 Alpha 1 通道，如图 15-18 所示。点击通道调板下方的【将通道作为选区载入】按钮，点选复合通道，隐藏 Alpha 1 通道，如图 15-19 所示。返回图层调板，选择图层

图 15-17

调板【创建新的填充或调整图层】>【曲线】命令,如图 15-20 所示。在曲线对话框中将曲线上扬,观察指纹小犁沟区域,以底色变白为准,点击【确定】,如图 15-21 所示。

图　15-18

图　15-19

（9）返回通道调板,选择 Alpha 1 通道,点击通道调板下方的【将通道作为选区载入】按钮,点选复合通道,隐藏 Alpha 1 通道,返回图层调板,选择【菜单栏】>【选择】>【反向】命令,如图 15-22 所示。之后,选择图层调板【创建新的填充或调整图层】>【曲线】命令,在曲线

图 15-20

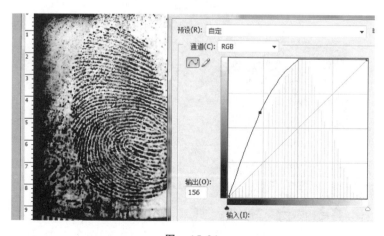

图 15-21

对话框中将曲线下拉,观察指纹纹线,以纹线变黑为准,点击【确定】。

（10）选择图层调板【创建新的填充或调整图层】>【可选颜色】命令,在【可选颜色选项】对话框中,将【颜色】项选为"青色",【方法】项选为"绝对",将下方"黑色"的滑块拖动到"＋100％",选择【确定】,如

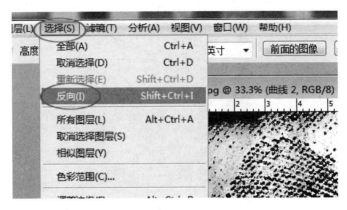

图　15-22

图 15-23 所示。如果指纹纹线中"青色"斑迹很重，可重复此步骤，直至纹线变黑为止。

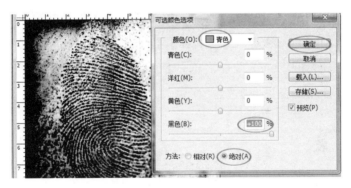

图　15-23

（11）按 Ctrl＋Shift＋Alt＋E 新建一个盖印图层。会显示为"图层 3"。点击【工具箱】>【以快速蒙版模式编辑】按钮，开启该模式。将背景色设为"黑色"，前景色设为"白色"，使用橡皮擦工具，在画面中指纹和比例尺区域涂抹，直到这些区域被红色蒙版所覆盖。如图 15-24 所示。

图　15-24

（12）点击【工具箱】>【以快速蒙版模式编辑】按钮，关闭该模式，在画面中会看到选区。执行【菜单栏】>【编辑】>【填充】>【使用前景色】命令。再执行【菜单栏】>【选择】>【取消选择】命令。最后，用鼠标点击并拖动"图层 3"至调板底部的【创建新图层】图标上，产生"图层 3 副本"。将【混合模式】选为"滤色"，如图 15-25 所示。

图　15-25

（三）对有不同颜色背景干扰的指印图像的处理

（1）选择菜单栏中的【文件】>【打开】命令，找到图像素材，将其【打开】，如图 15-26 所示。

（2）该幅照片中的指纹是用分色照相技术提取的一枚彩色画报纸上的指纹，该指纹用橙色荧光粉末刷显，用蓝光激发。由于背景画报纸的反光性能较强，呈现的细节特征较多，对指纹的干扰严重。本例的目的是通过一系列处理，去除背景杂色。

（3）按照"指纹比例照相的处理"方法，进行裁剪，得到放大 3 倍的指纹照片，如图 15-27 所示。

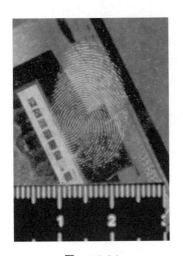

图　15-26

图　15-27

（4）用鼠标点击并拖动"图层 0"至调板底部的【创建新图层】图标上，产生"图层 0 副本"。将【混合模式】选为"颜色加深"，如图 15-28 所示。

（5）选择【工具箱】>【矩形选框工具】，将除过比例尺的部分框选。选择图层调板【创建新的填充或调整图层】>【可选颜色】命令。打开可选颜色对话框，先将【颜色】选项设为"红"，拖动"青色""洋红""黄色""黑色"下方滑标左拉至"－100"，【方法】选择"绝对"，如图 15-29

图 15-28

所示。再选择【颜色】选项,设为"洋红",拖动"黑色"下方滑标右拉至"+100"。设置完成后,点击【确定】。

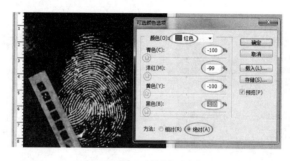

图 15-29

(6)选择图层调板【创建新的填充或调整图层】>【黑白】命令,如图 15-30 所示。弹出对话框中的参数不改动,直接选择确定。

图 15-30

(7)选择图层调板【创建新的填充或调整图层】〉【反相】命令,如图 15-31 所示。

图　15-31

(8)按 Ctrl＋Shift＋Alt＋E 新建一个盖印图层。会显示为"图层 1"。用鼠标点击并拖动"图层 1"至调板底部的【创建新图层】图标上,产生"图层 1 副本"。将【混合模式】选为"线性加深",如图 15-32 所示。再用鼠标点击并拖动"图层 1 副本"至调板底部的【创建新图层】图标上,产生"图层 1 副本 2"。将【混合模式】选为"亮光"。如图 15-33 所示。

图　15-32

(9)在当前图层上右击,选择【拼合图像】。使用【工具箱】〉【橡皮擦工具】,将"背景色"设置为"白色",擦除指纹和比例尺以外区域的色斑痕迹。如图 15-34 所示。

图 15-33

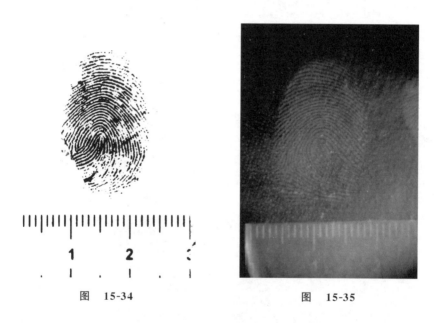

图 15-34　　　　　　　　　图 15-35

(四) 利用替换颜色命令增强纹线与背景之间反差的处理

(1) 选择菜单栏中的【文件】>【打开】命令,找到图像素材,将其【打开】,这张指纹照片已经按照指纹比例照相的处理方法裁剪成原大的 3 倍,如图 15-35 所示。

(2) 这是一张用紫外观察仪拍摄的汗潜指纹照片,指纹未经过任何处理,经过分析判断,是一枚加层痕迹指纹,画面色调整体呈绿色,纹线稍亮,载痕面稍暗,两者之间的色差微弱,可以通过使用【菜单栏】>【图像】>【调整】>【替换颜色】命令加强两者之间的色差。打开替换颜色对话框后,在【选区】项中选择"吸管工具",【颜色容差】设为"163",预览模式设为"选区"。在预览框中点选,不同的"点位"呈现的选区范围不同,选中的范围呈白色,未选中的呈黑色,通过反复操作,找到最佳点位置,以充分凸显纹线为准。之后选择【替换】选项中的【结果】色块,在色块上单击,会打开【选取目标颜色】对话框,将参数设为"R:2,G:0,B:0"。点击【确定】,如图 15-36 所示。

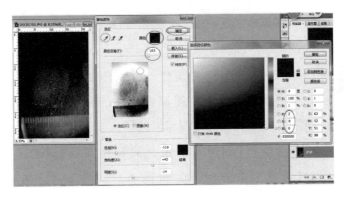

图　15-36

（3）选择图层调板【创建新的填充或调整图层】>【反相】命令,如图 15-37 所示。

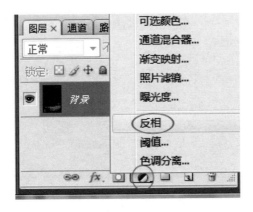

图　15-37

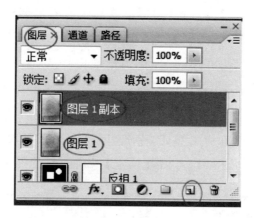

图 15-38

（4）按 Ctrl＋Shift＋Alt＋E 新建一个盖印图层。会显示为"图层 1"。用鼠标点击并拖动"图层 1"至调板底部的【创建新图层】图标上，产生"图层 1 副本"，如图 15-38 所示。

（5）选择图层调板【创建新的填充或调整图层】>【色彩平衡】命令。在弹出的【色彩平衡】对话框中，拖动"青色—红色"滑标右拉至"＋100"；拖动"洋红—绿色"滑标左拉至"－100"。【色调平衡】选择"中间调"，不勾选【保持明度】。设置完成后，点击【确定】，如图 15-39 所示。

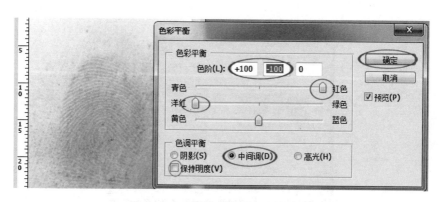

图 15-39

（6）选择图层调板【创建新的填充或调整图层】>【可选颜色】命

令。在弹出的【可选颜色选项】对话框中,将【颜色】选项设为"白色",拖动"青色""洋红""黄色""黑色"滑标左拉至"－100",【方法】选择"绝对"。再次选择【颜色】选项,设为"青色",拖动"青色""洋红""黄色""黑色"滑标左拉至"－100"。设置完成后,点击【确定】,如图15-40所示。

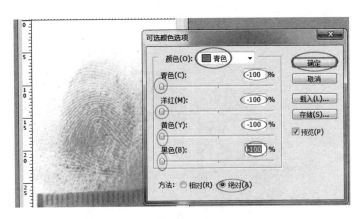

图　15-40

（7）按 Ctrl＋Shift＋Alt＋E 新建一个盖印图层。会显示为"图层2"。选择【工具箱】>【更改屏幕模式】>【最大化屏幕模式】,之后通过【导航器】将指纹满屏显示,如图 15-41 所示。

图　15-41

(8) 使用【菜单栏】>【图像】>【调整】>【替换颜色】命令,打开替换颜色对话框后,在【选区】项中选择"吸管工具",在纹线颜色饱和度最高的色块上取样。再将【替换】选项中"明度"滑标左拉至"－100"。设置完成后,点击【确定】。如图 15-42 所示。

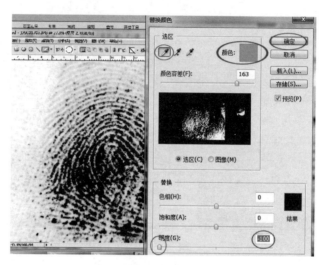

图　15-42

(9) 将"图层 1""反相 1""背景"三个图层隐藏,在"图层 2"上右击鼠标,选择"合并可见图层",如图 15-43 所示。之后点击【工具箱】>【以快速蒙版模式编辑】按钮,开启该模式。将背景色设为"黑色",前景色设为"白色",使用橡皮擦工具,在画面中将指纹区域涂抹,直到指纹被红色蒙版所覆盖,如图 15-44 所示。点击【工具箱】>【以快速蒙版模式编辑】按钮,关闭该模式,在画面中会看到选区。执行【菜单栏】>【编辑】>【填充】>【使用前景色】命令。最后选择【菜单栏】>【选择】>【取消选择】命令,如图 15-45 所示。

实训十五　手印图像的处理技术　237

图　15-43

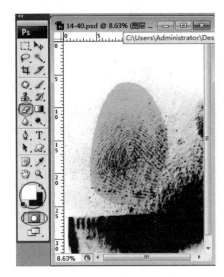

图　15-44

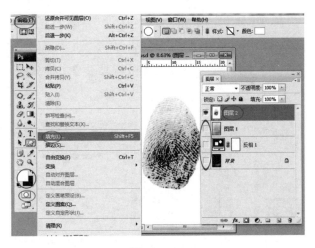

图　15-45

（10）选择图层调板【创建新的填充或调整图层】>【可选颜色】命令。在弹出的【可选颜色选项】对话框中，将【颜色】选项设为"白色"，拖动"青色""洋红""黄色""黑色"滑标左拉至"－100"，【方法】选择"绝对"，如图 15-46 所示。

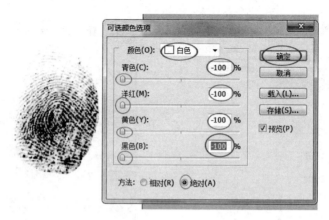

图 15-46

(11) 隐藏"图层 2""选取颜色 1",显示"图层 1""反相 1""背景"三个图层。将当前图层设为"图层 1",如图 15-47 所示。选择图层调板【创建新的填充或调整图层】>【色彩平衡】命令。在弹出的【色彩平衡】对话框中,拖动"青色—红色"滑标右拉至"+100";拖动"洋红—绿色"滑标右拉至"+100",拖动"黄色—蓝色"滑标右拉至"+100"。【色调平衡】选择"中间调",不勾选【保持明度】。设置完成后,点击【确定】,如图 15-48 所示。

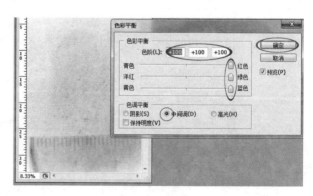

图 15-47　　　　　　　　　图 15-48

(12) 选择图层调板【创建新的填充或调整图层】>【可选颜色】命令。在弹出的【可选颜色选项】对话框中,分别将【颜色】选项设为

"白色"和"洋红",拖动"青色""洋红""黄色""黑色"滑标左拉至"-100",【方法】选择"绝对"。设置完成后,点击【确定】,如图15-49所示。

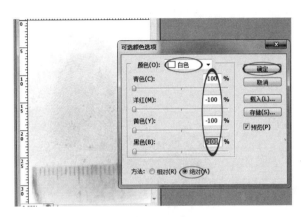

图　15-49

图　15-50

(13) 在当前层上右击鼠标,选择"合并可见图层",产生一个"背景"层。选择【工具箱】>【矩形选框工具】将比例尺框选;选择【菜单栏】>【选择】>【反向】,将背景色设为"白色",按键盘上的"Delete"键,将比例尺以外的画面内容全部清除。最后选择【菜单栏】>【选择】>【取消选择】命令,如图15-50所示。

(14) 再次框选比例尺,选择移动工具,将比例尺居中。随后执行

【菜单栏】>【选择】>【取消选择】命令。显示隐藏图层,将"图层 2"点选为当前图层,使用【工具箱】>【橡皮擦工具】将指纹下方的"白色"区域清除,使"背景"层比例尺完全显示。在当前层上右击,选择"拼和图像"命令,产生一个新的"背景"图层,如图 15-51 所示。

图 15-51

（15）点击【工具箱】>【以快速蒙版模式编辑】按钮,开启该模式。将背景色设为"黑色",前景色设为"白色",使用橡皮擦工具,在画面中将指纹纹线浅淡的区域涂抹,直到被红色蒙版所覆盖,如图 15-52 所示。再次点击【工具箱】>【以快速蒙版模式编辑】按钮,关闭该模式,在画面中会看到选区。选择【菜单栏】>【选择】>【反向】命令。选择图层调板>【创建新的填充或调整图层】>【亮度/对比度】命令。在打开的对话框中将【亮度】设为"－50",【对比度】设为"－50",设置完成后,点击【确定】,如图 15-53 所示。

图 15-52

图 15-53

（16）按 Ctrl＋Shift＋Alt＋E 新建一个盖印图层。会显示为"图层 1"。用鼠标点击并拖动"图层 1"至调板底部的【创建新图层】图标上，产生"图层 1 副本"。将【混合模式】选为"颜色加深"，如图 15-54 所示。

（17）选择图层调板【创建新的填充或调整图层】>【可选颜色】命令。在弹出的【可选颜色选项】对话框中，将【颜色】选项设为"白色"，

图 15-54

拖动"青色""洋红""黄色""黑色"滑标左拉至"－100",【方法】选择"绝对"。设置完成后,点击【确定】,如图 15-55 所示。

图 15-55

(18)选择图层调板【创建新的填充或调整图层】>【黑白】命令。在弹出的【黑白】对话框中,点击【确定】。如图 15-56 所示。

图 15-56

(五) 对处理所造成纹线局部残缺的修补处理

(1) 选择菜单栏中的【文件】>【打开】命令,找到图像素材,将其【打开】,如图 15-57、15-58 所示。

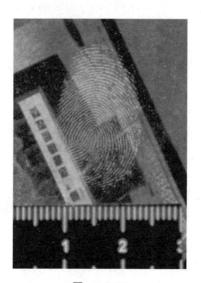

图 15-57

图 15-58

(2) 这两张照片,一张是处理前的原始图像,另一张是处理后的指纹图像。通过比较观察,可见处理后的指纹纹线局部出现残缺,这是由指纹照片原件上指纹的形成条件决定的,灰度过低的纹线区间,在有的处理环节中不可避免地会被清除,从而造成残缺。为了提高指纹图像的识别条件,可以以原始图像为基底,完成对纹线完整性的修复。

(3) 选择【工具箱】>【移动工具】,拖拽图 15-58 到图 15-57 的工作页面,移动位置,使上下对齐。显示为"图层 1"。

(4) 选择【工具箱】>【更改屏幕模式】>【最大化屏幕模式】,之后通过【导航器】将指纹满屏显示。

(5) 选择【工具箱】>【吸管工具】,在纹线上取样,设为前景色。

(6) 将图层调板上的【不透明度】设为"20%",如图 15-59 所示。这样,既可以同时看清楚原始图像和处理图像的轮廓形态,又可以对照发现残缺部位的位置和修补范围。

实训十五　手印图像的处理技术　245

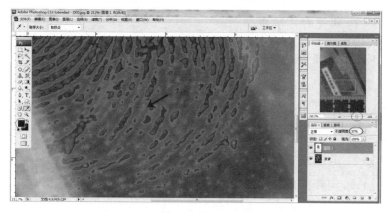

图　15-59

（7）选择【工具箱】>【画笔工具】，将画笔主直径的宽度设为等于或小于纹线的宽度。根据不同部位纹线的宽窄变化，适时调整画笔直径宽度。

（8）绘制残缺部位，从局部扩展至全部。将当前图层定为"图层1"，隐藏"图层1"仔细观察修补位置的轮廓形态，显示"图层1"，进行绘制。绘制过程反复观察、比较，确保与基底图像形态一致。效果如图 15-60 所示。

图　15-60

六、实训中的注意事项

(1) 用来练习的图片由教师负责通过多媒体教学系统传输给学生。

(2) 未完成的作业,学生应复制在 U 盘中保存。完成的作业以"自己的学号+姓名"重命名后,通过多媒体教学系统传输到教师机。

(3) 要求按照老师的引导,同步操作练习。

(4) 如计算机出现故障,应及时报告,不得擅自处理。

(5) 本次实训内容步骤比较复杂,要耐心完成。

七、实训报告的填写要求

按要求填写好实训报告,写明实训目的、原理、内容和操作步骤。

八、实训作业和思考题

(1) 如何将指纹照片的背景杂色清除?请列出其基本步骤。

(2) 如何将输出的指纹照片处理成原大的 3 倍?请列出其基本步骤。

实训十六 认识美国识慧系统 Video Investigator 界面构成和工具箱

一、实训目的

了解美国识慧系统 Video Investigator 的界面构成和常用工具的操作方法。

二、实训内容

（1）认识美国识慧系统 Video Investigator 的界面构成

（2）掌握 Video Investigator 模糊图像软件常用工具的使用方法

三、实训条件

（1）多媒体计算机

（2）Video Investigator 模糊图像处理软件

四、实训基础知识

（一）Video Investigator

即视频侦查员，简称 VI。界面大致上分为菜单栏、工具栏、工具条和工作区（见图 16-1）。

1. 菜单栏包括文件、编辑、查看、滤镜、测量、操作等

（1）文件：文件的打开、保存、关闭等操作。

① 文件的格式大致上分为两种：视频和图片格式。*.cff 视频格式的用"打开"即可。图片格式有单帧和多张的，单张的可用"打

248　刑事图像技术实训指导

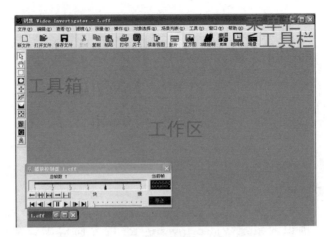

图16-1　Video Investigator 主界面

开",多张连续的用"作为电影文件打开"(见图16-2)。

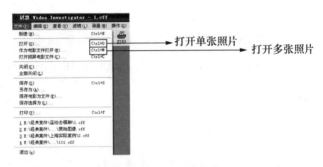

图16-2　【文件】菜单

② 打开＊.cff、＊.bmp、＊.jpg等格式。如果右下角的"显示预览图"被选中,则影片或图像的第一帧或图像的预览效果就会显现。另外,可以用Ctrl或Shift加鼠标来打开多个文件;也可以将文件拖动到工作区打开。也可双击＊.cff文件。

③ 作为电影文件打开:打开多张连续的图片,作为电影文件来播放。先将视频文件一帧一帧截屏下来,保存为图片,再"添加文件","播放影片"即可。可以通过单击"名字"和"时间/日期"来调节影片播放的顺序(注:添加的文件的格式可以不一样,但大小要一样)。播

放影片后,复制或平整图像后即可转化为 *.cff 的格式,见图 16-3。

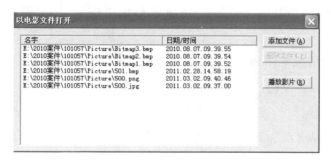

图 16-3　以电影文件打开

④ 打开抓屏电影文件:打开屏幕电影,和"打开"插件功能类似。

⑤ 关闭,全部关闭:关闭文件。

⑥ 保存,另存为:保存当前文件,存为 *.cff 格式、视频(如 *.avi、*.mpeg、*.wmv 等)或图片格式(如 *.jpg、*.bmp、*.png 等)。保存为电影文件:将当前文件一帧一帧保存下来,可以为 *.cff 或图片格式。

⑦ 退出:退出软件。

(2) 编辑:处理图像或影像时,常用到的一些编辑命令,见图 16-4。

图 16-4　【编辑】菜单

① 取消:撤销最后一次操作(Ctrl+Z)。

② 拷贝图层:拷贝当前帧。

③ 粘贴:将拷贝的图层(单帧)粘贴在当前图层(单帧)上两幅图层的。

④ 粘贴成新图像:将拷贝的图层粘贴成新的图层(粘贴的图像的像素格式为8位的)。

⑤ 复制图层:复制图像和影像的原始数据。拷贝粘贴会同时拷贝处理过程中添加到图像中的数据,而复制只拷贝原始数据,完全拷贝不会做舍取。

⑥ 复制/使用选区坐标:选定一块区域,可以用其将所选区域准确地拷贝到其他图像中。

(3) 查看:该功能允许你选择所需要的工具,使其显示在工作区域,并且可以打开其他多个对话框(见图16-5)。

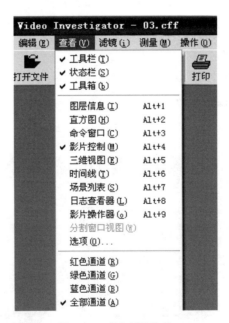

图16-5 【查看】菜单

① 工具栏:显示在工作区的顶部,默认为选择。工具栏包含新文

件、打开文件、保存文件、剪切、复制、粘贴、打印、关于、信息视图、影片、直方图、3维绘制、MSM(影片操作器)、时间线、场景。

②状态栏:显示在工作区的底部,默认为选择。上面可以显示鼠标的坐标位置和其所对应的像素值。

③工具箱:显示在工作区的左边,可以移动,默认为选择。

④图层信息:也叫信息视图。包含工作区内所有图层的信息,这些信息有:图层的路径,图像的尺寸,图层类型,像素格式,电影总长度等。一个图层可以由一个或多个图层所组成,但是这些图层不能由其他一组图层组成。

⑤直方图:可以对图像进行色彩操作。大致可以分为:图层信息区,帧信息区,通道信息区,直方图信息区。

⑥影片控制:也叫播放控制器,默认为选择。用来播放和控制电影。

⑦三维视图:图像3维的高度表示像素值的大小。可以调节方向、斜度和距离。

⑧日志查看器:查看工作日志。

⑨影片操作器:用来确定多路影像中的轨迹数目,此界面允许用户从影像中分离出一些帧,并将它们重新组合在一起,称为一个轨迹。

⑩选项:包含消息、线条颜色、插件、文件、缩放、日志等选项。文件选项,抓屏目录路径默认为 C:\Program Files\Cognitech\Investigator\Capture,可以更改,见图16-6。

⑪全部(红绿蓝)通道:默认为全部通道,也就是由红绿蓝合成的,也可查看单个通道。

(4)操作:分为交替、计算、合并图像、更改数据类型、平整图像,见图16-7。

①交替:分离或合并视频帧的奇数行或偶数行。将1帧转换成2

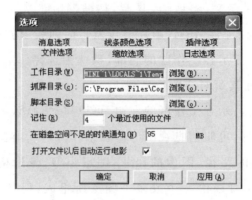

图 16-6　选项

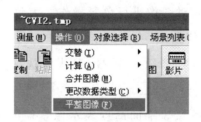

图 16-7　【操作】菜单

场影片(奇数场和偶数场),或者将 2 场影片转换成 1 帧。如果当影片录制的时候失真,可以将帧转换成 2 场影片,或者用场对齐,见图 16-8。

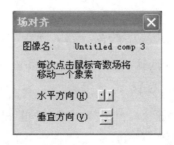

图 16-8　场对齐

② 计算分为 A+B,A-B,|A-B|,A*B。图像对应位置的像素值之间的操作。

实训十六　认识美国识慧系统 Video Investigator 界面构成和工具箱　253

图 16-9　【工具】菜单

③ 合并图像把两幅图像合并成一幅图像。

④ 更改数据类型：改变数据类型，变为需要的数据类型（位、字节、有符号短整数、无符号短整数以及浮点数）。

⑤ 平整图像：将当前图像拷贝出来，类似于复制功能，平整图像会同时拷贝处理过程中添加到图像中的数据，而复制只拷贝原始数据。

（5）场景列表：一个场景是影像中具有一些共同信息的一个或多个片段。比如说，在一个影片中一个犯罪嫌疑人可能会出现好几次。再如，它们出现在 110 至 200 和 456 至 610 帧中。为了能够在影片中更方便地定位到那些帧，用户可以将影片中的这些帧加入到场景中。

（6）工具：一些简单的工具，见图 16-9。

① 创建影片头：允许用户处理不同的帧类型，这样可以从新的、兼容的单帧视频中创建电影文件。

② 跳过帧数：该工具可以从电影列表中忽略某些帧，这些帧并没有被删除（"平整图像"或"复制图层"后可以删除），仅仅是隐藏在视图之外，它们以后可以很容易地重新插入使用。

③ "保留帧"中的帧会保留下来；"忽略帧"中的帧会忽略，播放时会跳过，见图 10。

④ 抓取屏幕电影，见图 11。抓取屏幕电影功能可以捕捉视频窗口或任意区域，以 *.cff 格式保存下来。对于任何视频格式，都可以先通过对其抓屏生成 *.cff 文件，再在 VI 环境下进行处理。选择屏

图 16-10　忽略帧

图 16-11　抓取屏幕电影

幕区域,点击该按钮,屏幕左上角会弹出个初始框架。当鼠标移到框架的边界(紫色区域)时,可以根据需要用其来调节框架的大小。当鼠标移动到框架的中部(灰色区域)时,移动鼠标可以移动框架的位置,直至移动到捕捉区域,也可以通过方向键来微调。

⑤ 选择视窗:点击该按钮,将鼠标移动到需要捕捉的窗口,再点击鼠标左键,会弹出一个与被选择窗口相吻合的框架,并覆盖在上面。也可以改变框架的大小和位置。选择合适的最大抓屏帧数和输出文件名,然后点击"开始"按钮,就可以开始抓屏,适时再"暂停"或"停止"。另外,抓屏的文件的默认路径为 C:\Program Files\Cognitech\Investigator\Capture,可以更改目录。

2. 工具栏包括新文件、打开文件、保存文件、剪切、信息视图、直方图等(见图 16-12)。

图 16-12　工具栏

(1) 打开文件:打开 *.cff、*.bmp、*.jpg 等格式。功能和"文件——打开"一样。

(2) 复制、粘贴:复制和粘贴一帧图像。

(3) 关于:Video Cognitech 软件的版本。

(4) 信息视图:也叫图层信息。包含工作区内所有图层的信息,这些信息有:图层的路径,图像的尺寸,图层类型,像素格式,电影总长度等。一个图层可以由一个或多个不同类型图层所组成,但是这些图层不能由其他一组图层组成,见图 16-13。

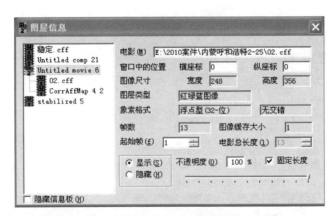

图 16-13　图层信息

(5) 影片:也叫播放控制器,用来播放和控制电影,见图 16-14。

(6) 直方图:调节亮度、色度和控制红蓝绿的值。直方图是一幅图像中特定颜色值的像素个数。像素的值通常绘制在直方图的 X 轴,而图像中具有该像素值的像素个数绘制在 Y 轴。在 Investigator 中可以独立查看和操作每个通道。另外,虚拟通道诸如色调、饱和度

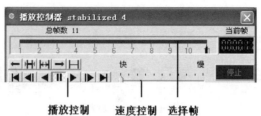

图 16-14　播放控制器

和亮度等也可以编辑和查看。Video Investigator 允许在任一通道上做"伽马"编辑,见图 16-15。

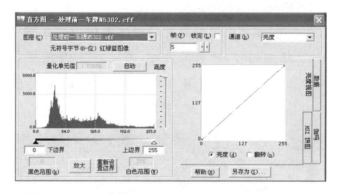

图 16-15　直方图

(7) 三维绘制:探测一幅图像的 3 维视图,见图 16-16。

图 16-16　三维视图

（8）时间线：显示电影播放时的时间和帧，见图16-17。

图16-17　时间线

3．工具条包括指针、移动图像、选择工具、缩放、移动图层、红绿蓝剖面图、矩阵工具等（见图16-18、16-19、16-20）

（1）返回到指针　（2）移动图像　（3）选择工具　（4）缩放　（5）移动图层　（6）红绿蓝测量图　（7）3维截面绘制　（8）调整组合影片大小　（9）矩阵工具　（10）位置信息　（11）关闭窗口

图16-18　工具条1

（1）多边形工具　（2）绘制直线工具　（3）添加点　（4）连接点成直线　（5）移动点　（6）删除点　（7）选择点　（8）退出测量

图16-19　工具条2

（1）加点　（2）绘制线　（3）开口多边形　（4）闭合多边形　（5）矩形　（6）移动点　（7）移动图元　（8）选择图元

图16-20　工具条3

4．滤镜

(1) 去模糊滤镜

去模糊滤镜包含了六种不同的滤镜：电影去模糊，模糊，运动去模糊，锐化，维纳滤镜和总变异去模糊。当模糊时，每一个模糊核都对输入的图像有扭曲作用。当去模糊时，这种模糊核纠正这类模糊。每一种模糊类型都有自己的参数设置，这个模糊插件能识别和估算基准数据上的模糊。

模糊核：许多模糊和去模糊滤镜使用一些通用的数学算法，称为模糊核，来实现模糊锐化。不同的模糊和去模糊核算法具有截然不同的效果，其中有一些用来模拟真实世界中诸如气雾模糊、运动模糊等（具体的模糊核种类参照 Video Investigator 中的：帮助——滤镜——去模糊——模糊核心）。

(2) 电影去模糊

使用基于去模糊算法的时间和空间总变异方法来增强电影帧。

(3) 模糊

模糊一幅图像。有多种不同的模糊方法，其中一些方法用来模拟现实世界中的模糊。

(4) 运动去模糊

使用速度估算值来增强运动模糊图像，去除由于拍摄过程中物体或者摄像机的移动引起的模糊效果。

(5) 锐化

用于建立更尖锐、更清晰的图像。图像中的高频成分将被增强，以显示更小的细节、更尖锐的对比度。

(6) 总变异去模糊

基于空间领域的总变异理论。涉及恢复图像中明显的、单个的部分如边界、线条和对象轮廓等。

（7）维纳滤镜

这是一个很常用的图像复原算法，在模糊核已知且图像内容不包含明显的、单个的部分时使用。

（8）去噪声滤镜

该滤镜用来去除图像中的噪声，包括 7 种不同的滤镜：JPG 去区块，电影去噪声，平均帧，去极值，添加噪声，中值滤波，总变异去噪声。

（9）JPG 去区块

一些低质量的 JPEG 图像有比较明显的区块效应，这是由于 JPEG 图像压缩算法导致的，这个插件可以移除这个区块效果。

（10）电影去噪声

通过视频图像中的时间和空间域信息，基于空间——时间总变异最小化算法来去除噪声。

（11）平均帧

通过相加选定的帧中的有效信息产生一幅图像。使用平均帧滤镜可以从图像的固定对象（没有移动的、稳定的）中去除动态噪声。

（12）去极值

去除图像中小的亮斑或暗点，实际上这是一个几何意义上的总方差最小化过程。

（13）添加噪声

在图像上添加噪声，即随机添加像素值。

（14）中值滤波

这个滤镜用于去除像素值偏离中值的那些像素，去除图像中同界面交界的像素差值。特别适合于处理含有大量盐、胡椒类噪声，椒盐噪声是由图像传感器、传输信通、解码处理等产生的黑白相间的亮暗点噪声。椒盐噪声往往由图像切割引起。

(15) 总变异去噪声

通过使用总变异最小化技术去除图像中的噪声（随机像素波动），以建立没有模糊及副作用效果的最高级的噪声消除方法。

5. 矢量既有大小又有空间方向的物理量称为矢量。常见的矢量见图 16-21。

	定义	X\Y\Z 坐标	原始图像	运动图像	运动矢量
平移	垂直、水平和斜线的运动	X 与 Y 上进行位移			
旋转	旋转运动	以 Z 轴为中心的旋转			
缩放	不规则的放大和缩小	单以 X 或 Y 轴为中心的旋转			
通常缩放	规则的放大和缩小	在 Z 轴上的平移			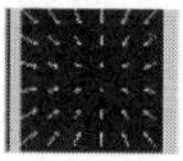
剪切	画面的平面通常运动	在 X 与 Y 轴上的外力挤压变形			
透视	画面三维的通常运动	以 X 与 Y 轴为中心同时进行旋转			

图 16-21　常见矢量

矢量实现了在电影两帧之间运动的精确计算。连续的帧、速度模式或任意的两帧，这些运动矢量计算工具分析包含了运动矢量的图层，并用数学映射图和运动矢量图描述出这些运动矢量。

提供众多的运动矢量估算插件是为了在计算运动矢量时有更多的选择余地。例如，相关匹配和形状匹配可以用来估算单一的、全局的运动矢量。形状匹配和线性分割匹配可以用来估算一种贯穿于一部影像中的主要运动模式。当有不同的对象以不同的速度运动等复杂情况时可以用速度预算功能来解决。假如这副图像有许多直线结构（如城市风景、道路和另外一些人组成的场景），线性分割匹配可以用来估算主要的旋转和平移运动。假如其他的自动匹配工具不能得到预期的结果可使用手动匹配（注：其实用的最多的是相关匹配）。

这（1）多边形工具（2）绘制直线工具（3）添加点（4）连接点成直线（5）移动点（6）删除点（7）选择点（8）退出测量稳定视频运动，视频拼接，高分辨率的多帧融合和对象跟踪等功能。用户可以分析速度场为去噪插件程序提供最理想的去噪参数。注意：必须用矢量滤镜来提供足够的信息给图像重建插件程序。

运动模式的不同类型有：平移，旋转，缩放，仿射和透视。

（1）相关匹配（见图 16-22）

图 16-22　相关匹配参数

(2) 形状匹配（见图16-23）

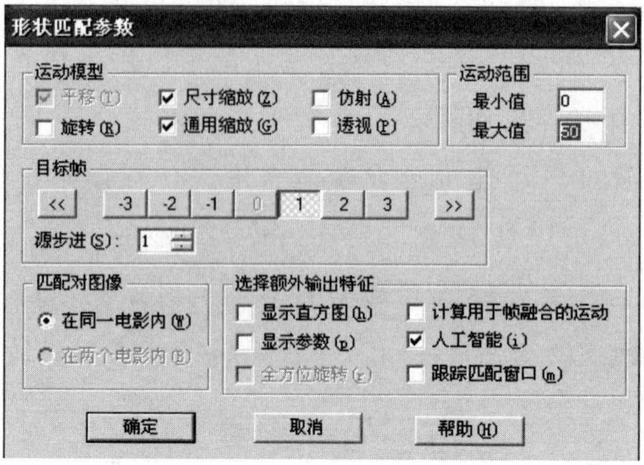

图 16-23　形状匹配参数

(3) 手动匹配（见图16-24）

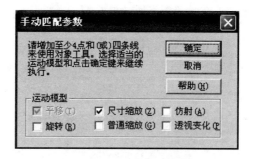

图 16-24　手动匹配参数

六、实训方式

以实训小组为单位，每10至12人为一个实训小组，每一小组结合每个小组特点，准备不同的美国识慧系统操作方案。

七、实训准备

(1) 明确实训的项目、目的、要求。

(2) 学员实训分组。

(3) 复习课程相关内容,进一步熟悉案情。
(4) 认真听取指导教师辅导实训要领。
(5) 检查计算机系统及识慧系统的准备情况。

八、实训的进行

(1) 登记分组名单和分工情况。
(2) 开启计算机系统和识慧系统。
(3) 由指导教师进行实训前辅导。
(4) 各实训小组按计划进行实训项目的执行。

九、作业

每名同学对识慧系统操作过程中遇见的问题进行归纳、整理。

实训十七　模糊图像处理

一、实训目的

(1) 学会用 Video Investigator 软件对简单的模糊图像进行处理

(2) 能够对不同原因造成的模糊图像进行处理

二、实训内容

(1) 对运动模糊的图像处理

(2) 对散焦模糊的图像处理

(3) 对由于噪声干扰造成的模糊图像进行处理

三、实训条件

(1) 多媒体计算机

(2) Video Investigator 模糊图像处理软件

四、实训步骤

(一) 运动模糊(见图 17-1)

原始视频的长宽比失衡,模糊处理步骤如下:

(1) 调节比例:"滤镜"——"比例"——"调节比例"

(2) "矢量"——"相关匹配"——"重建"——"稳定重建"——"平均帧"

(3) "维纳滤镜"——"运动模糊"

参数:长度 25,方向 138,信噪比 35

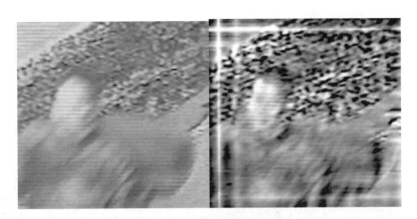

图 17-1　运动模糊图像处理

(二) 三角模糊

由于被拍摄的物体未处于成像系统的焦平面,而产生散焦模糊,见图 17-2。

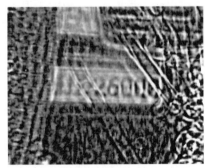

图 17-2　散焦模糊图像处理

模糊处理步骤如下:

"滤镜"——"去模糊"——"维纳滤镜"——"散焦模糊",参数:范围 14,信噪比 150。

（三）噪声干扰（见图17-3）

图17-3　去噪处理

模糊处理步骤如下：

（1）选取合适的帧，调节比例

（2）"滤镜"——"比例"——"调节比例"

（3）"矢量"——"相关匹配"——"重建"——"稳定重建"（矢量、重建多次）——"平均帧"

（4）适当调节下"直方图"

五、实训作业

每名同学运用识慧系统对教师机系统发送的模糊照片进行处理，并提交实验报告。

实训十八　模糊视频图像处理

一、实训目的

学会用 Video Investigator 软件对模糊视频图像进行处理

二、实训内容

对模糊视频图像进行处理

三、实训条件

1．多媒体计算机

2．Video Investigator 模糊图像处理软件

四、实训步骤

(1) 原始视频中截取的单帧图像(见图 18-1)。

图 18-1　原始单帧图像

(2)选取合适的帧,"矢量"——"相关匹配"——"重建"——"稳定重建":速度特征先选择"平移"(软件默认选择),再"旋转"、"缩放"。"矢量"和"重建"需多次反复做(见图18-2)。

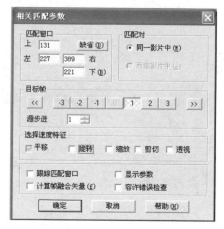

图 18-2　相关匹配参数设置

(3)待车牌稳定后,将多帧影片融合成一帧影片:"去噪声"——"平均帧"。

(4)将车牌放大,"比例"——"调节尺寸",选择"最小二次方"方法,"比例因数"为2。

(5)适当调节直方图、亮度、饱和度等(见图18-3)。

图 18-3　去噪处理后

（6）"去模糊"——"维纳滤镜"——"高斯模糊"，参数：横向和纵向模糊核宽度为 2.7，方向为 0，信噪比为 75。还可以适当锐化下："去模糊"——"锐化"，参数：锐化为 2.5，范围为 1.5，处理后的效果见图 18-4。

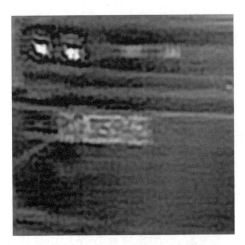

图 18-4　去模糊、滤镜等处理后效果图

五、实训作业

每名同学运用识慧系统对教师机系统发送的模糊视频图像进行处理，并提交实验报告。

参 考 书 目

1. 周云龙、邓裕东、岳玮主编:《刑事技术教程》,中国人民公安大学出版社 2006 年版。

2. 代雪晶主编:《刑事影像技术》,中国人民公安大学出版社 2011 年版。

3. 邓秀林主编:《新编刑事图像技术教程》,中国人民公安大学出版社 2008 年版。

4. 郭海涛主编:《刑事图像》,中国人民公安大学出版社 2010 年版。

5. 黄群、程红斌主编:《刑事图像教程》,中国人民公安大学出版社 2004 年版。

6. 马建平主编:《刑事影像学》,群众出版社 2007 年版。

7. 钱钧主编:《刑事摄影简明教程》,中国人民公安大学出版社 2005 年版。

8. 杨玉柱主编:《刑事图像技术》,中国人民公安大学出版社 2007 年版。

9. 朱宝礼、周云彪主编:《刑事图像技术》,中国人民公安大学出版社 2002 年版。